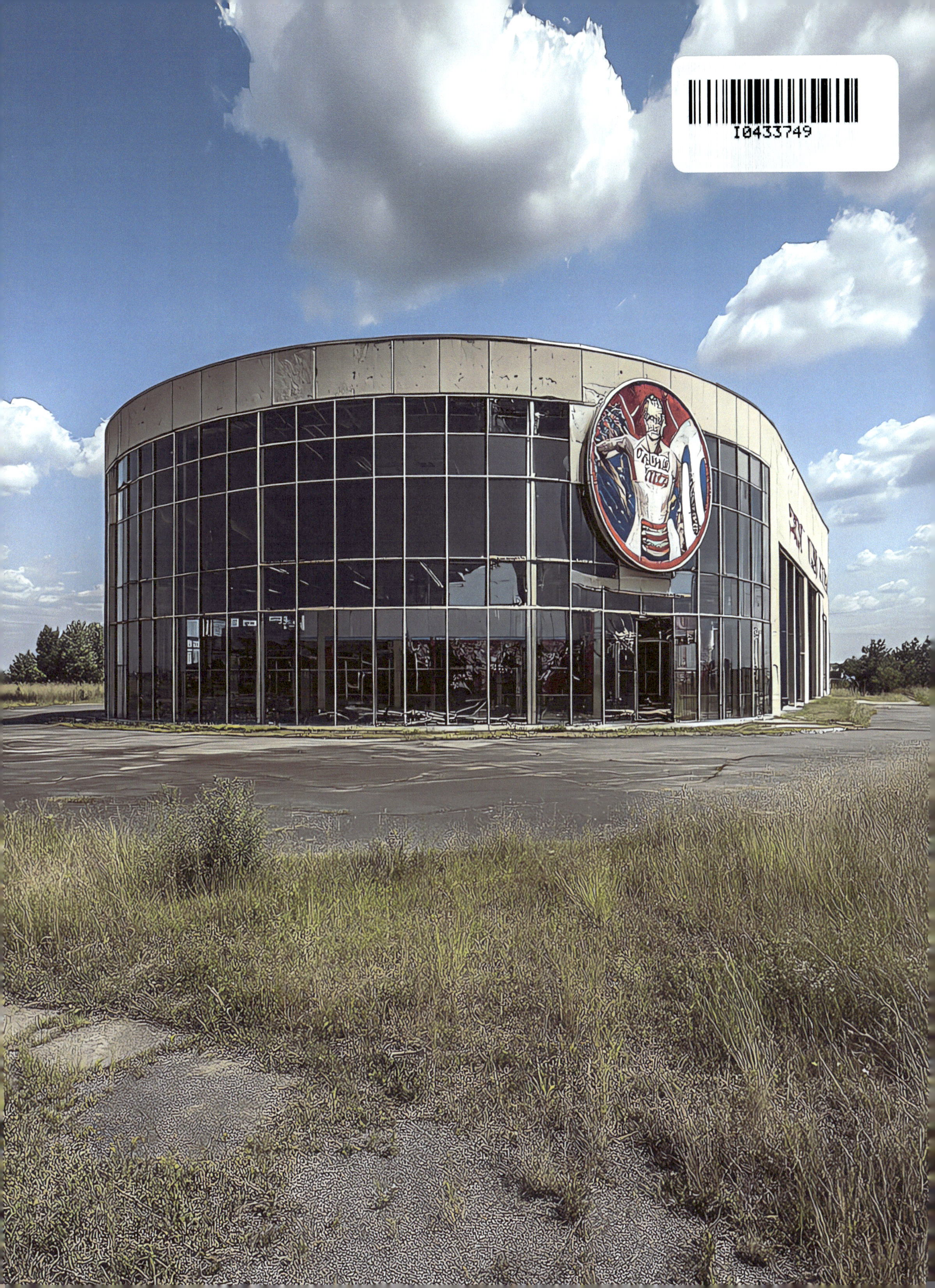

I0433749

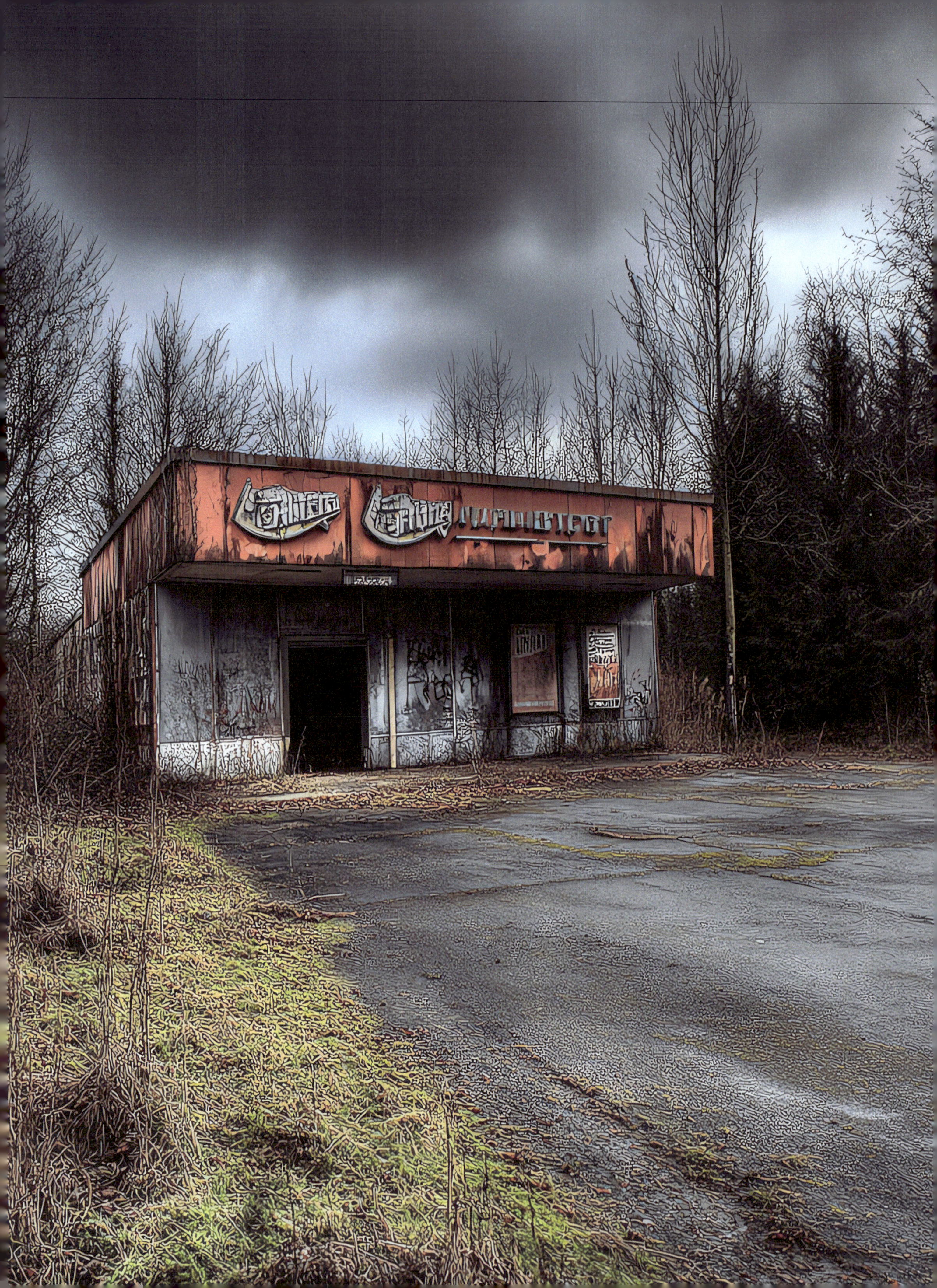

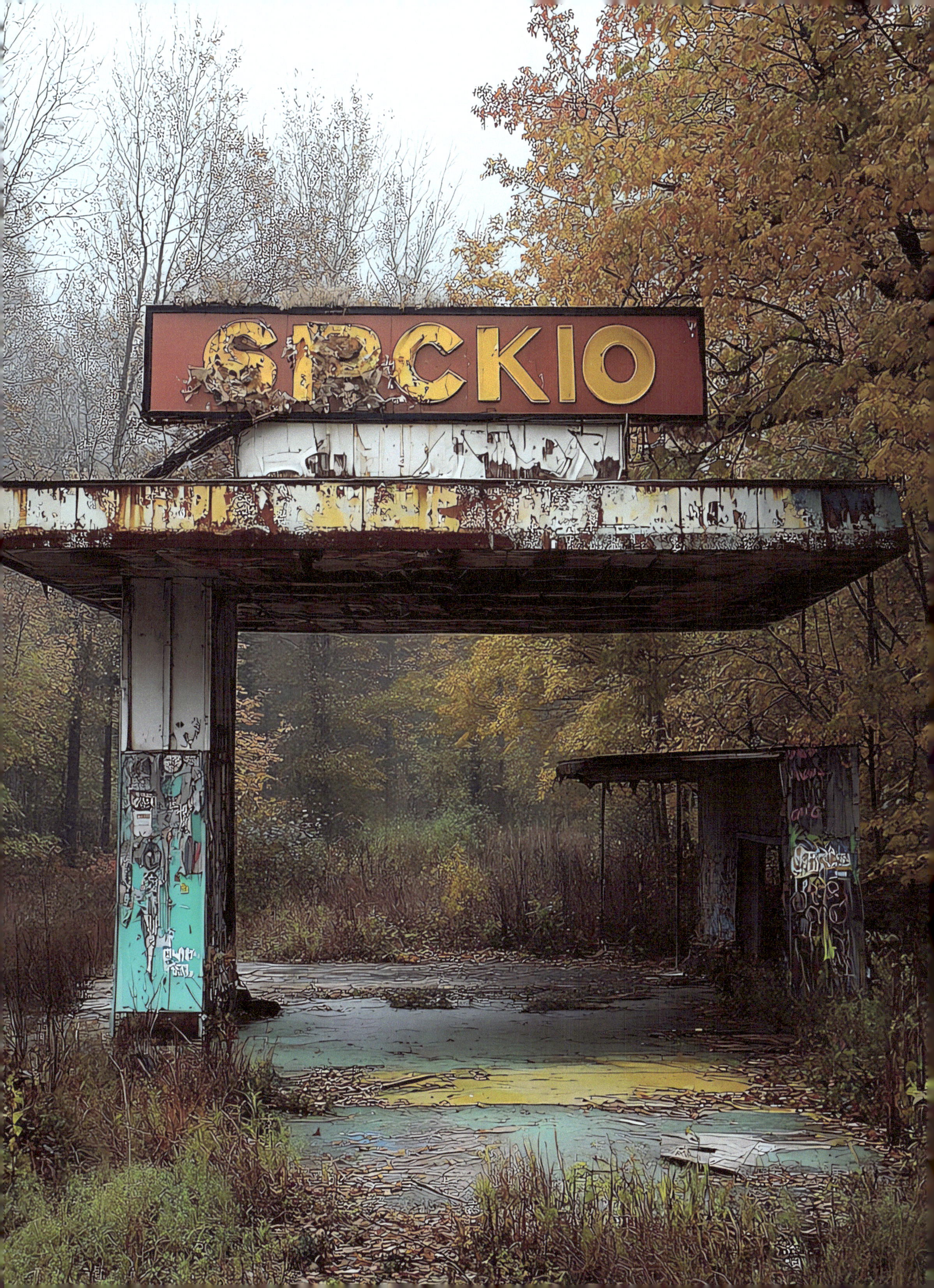
SPCKIO

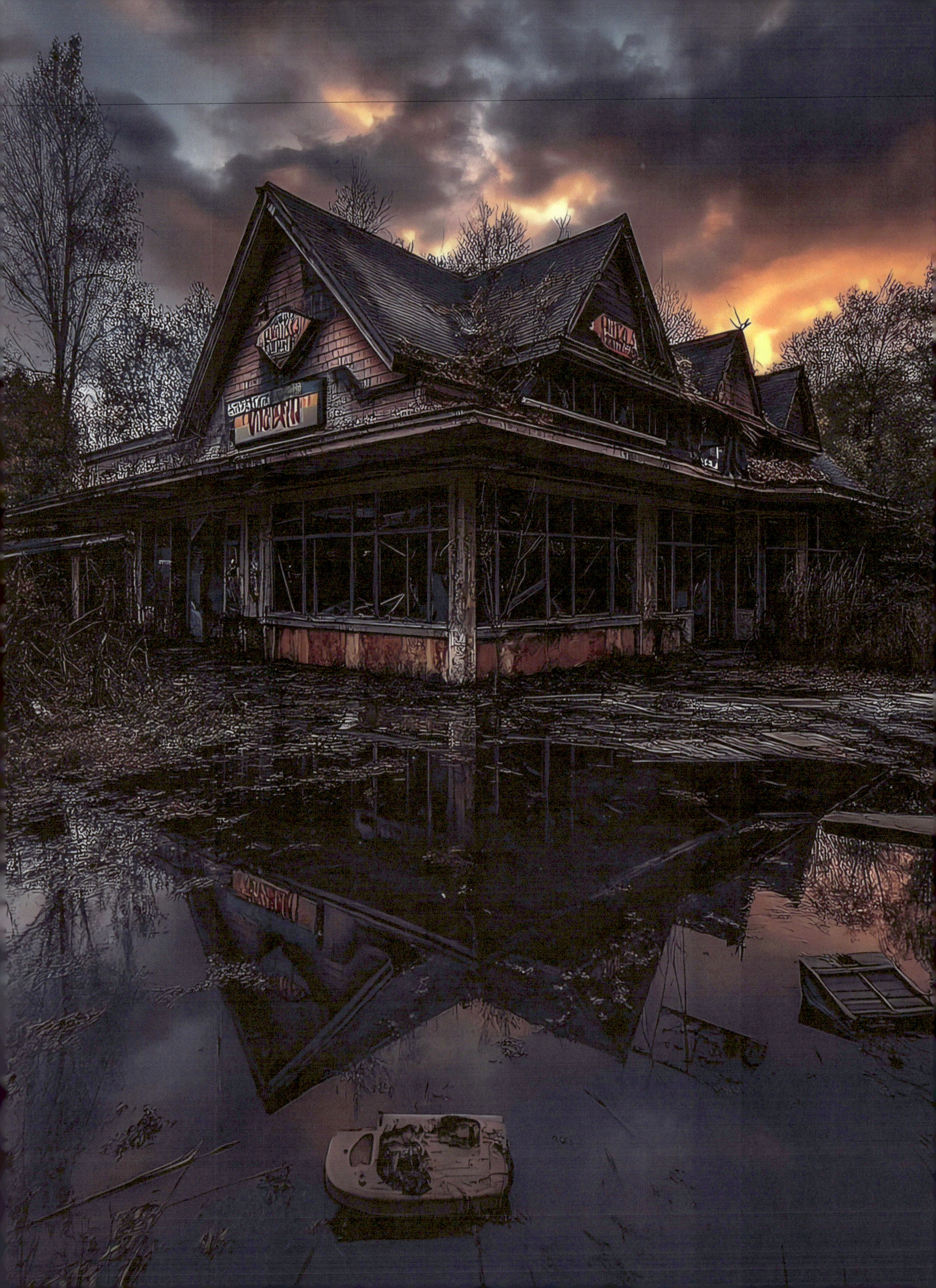

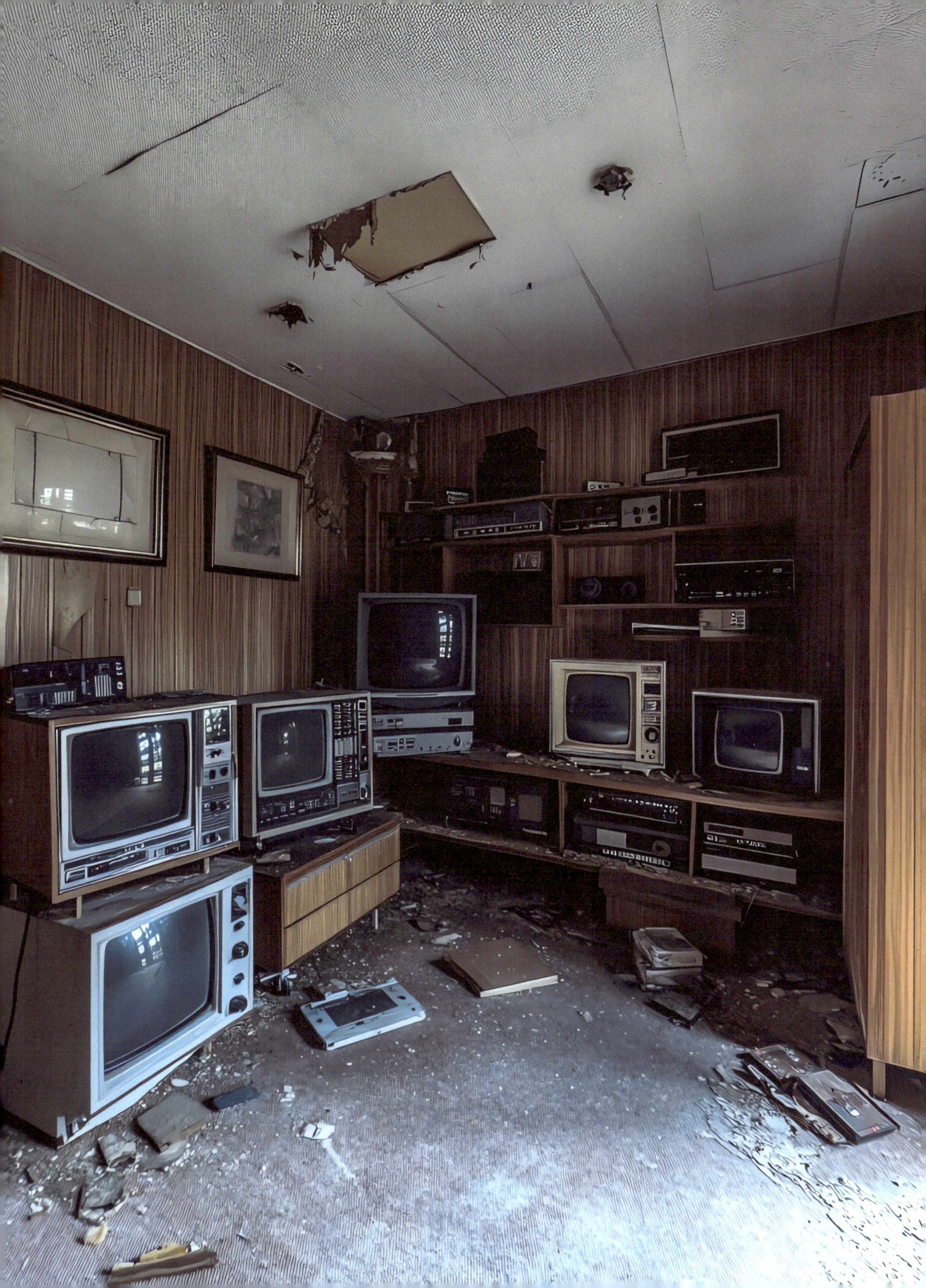

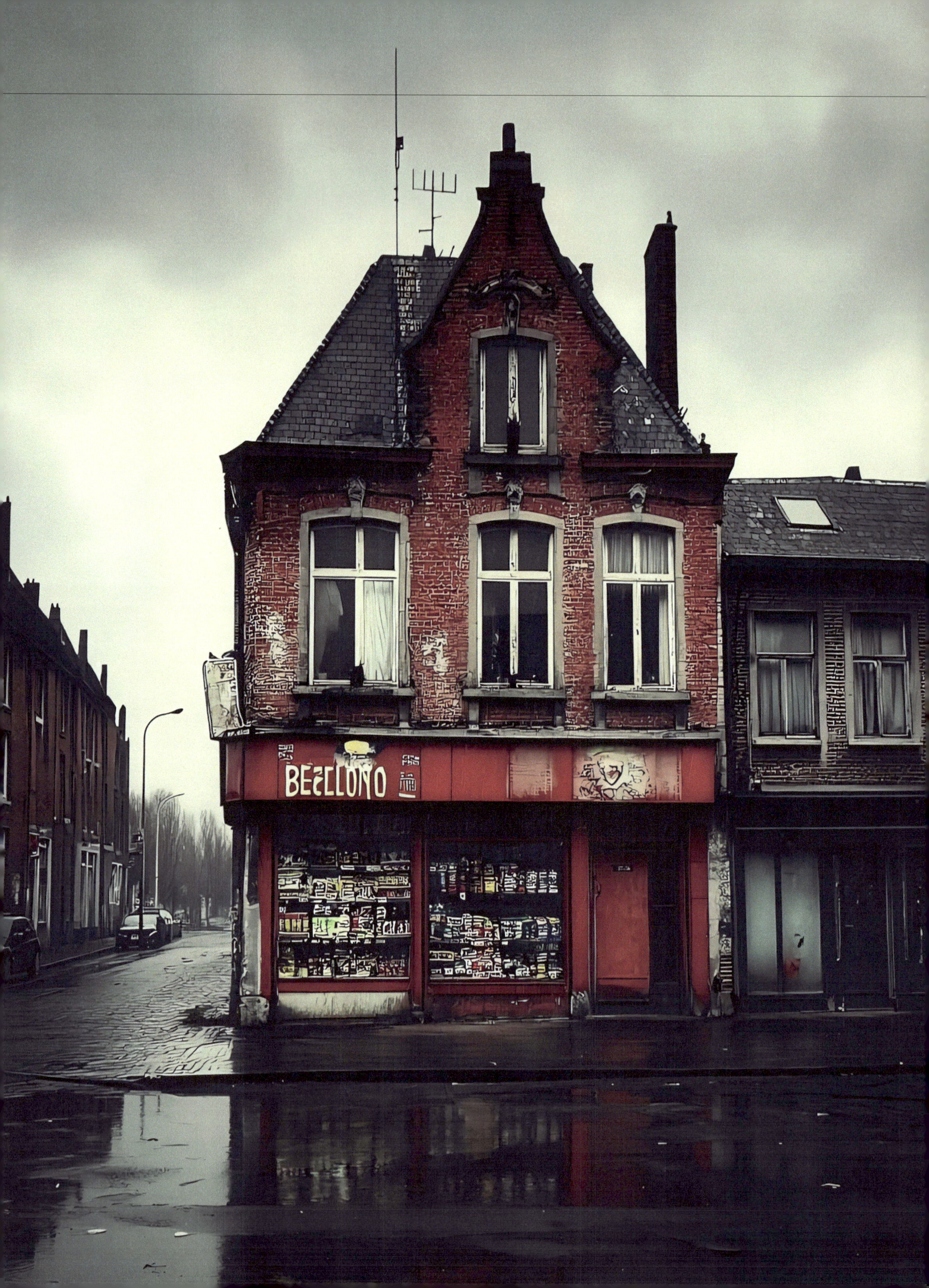

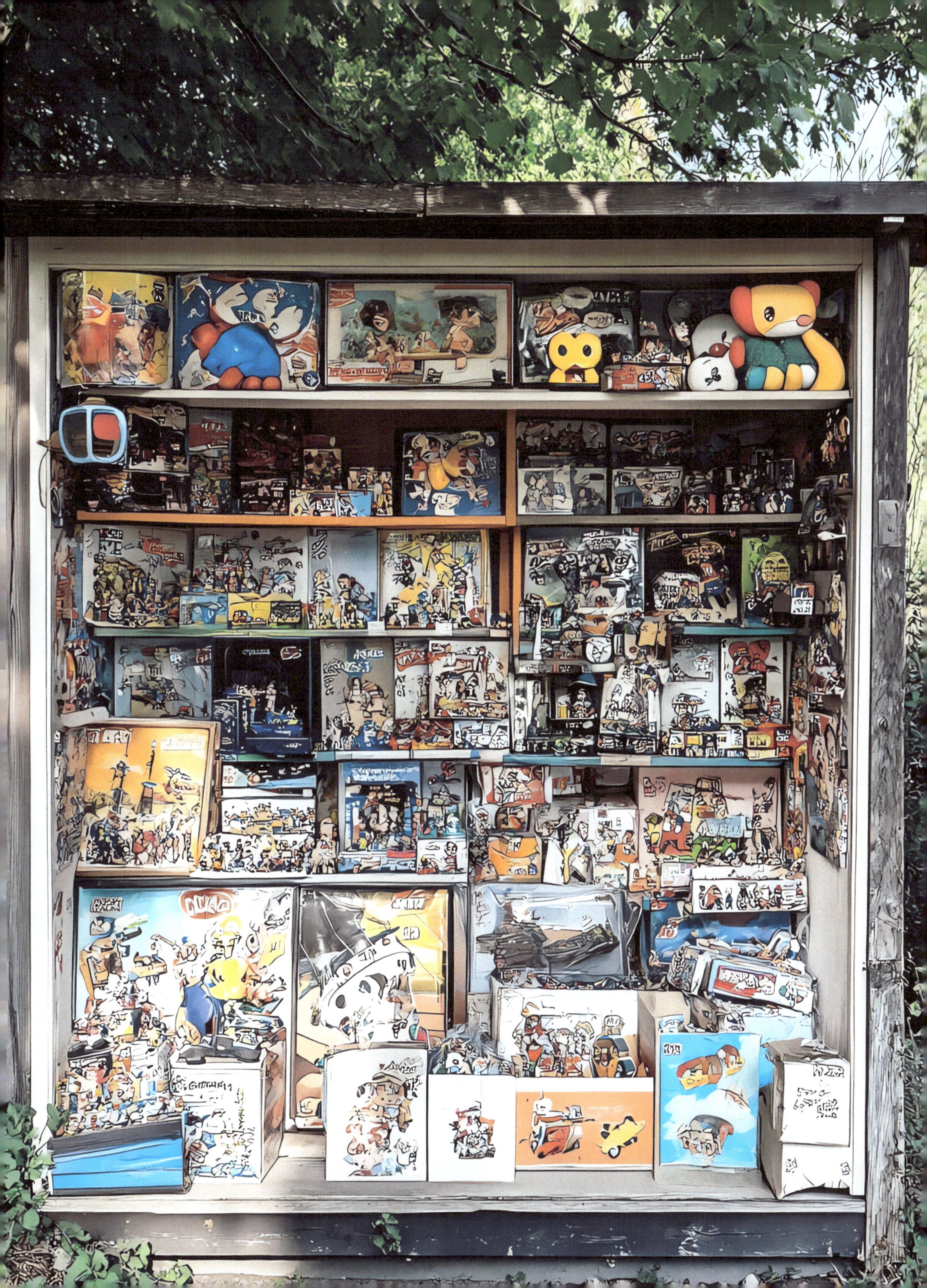

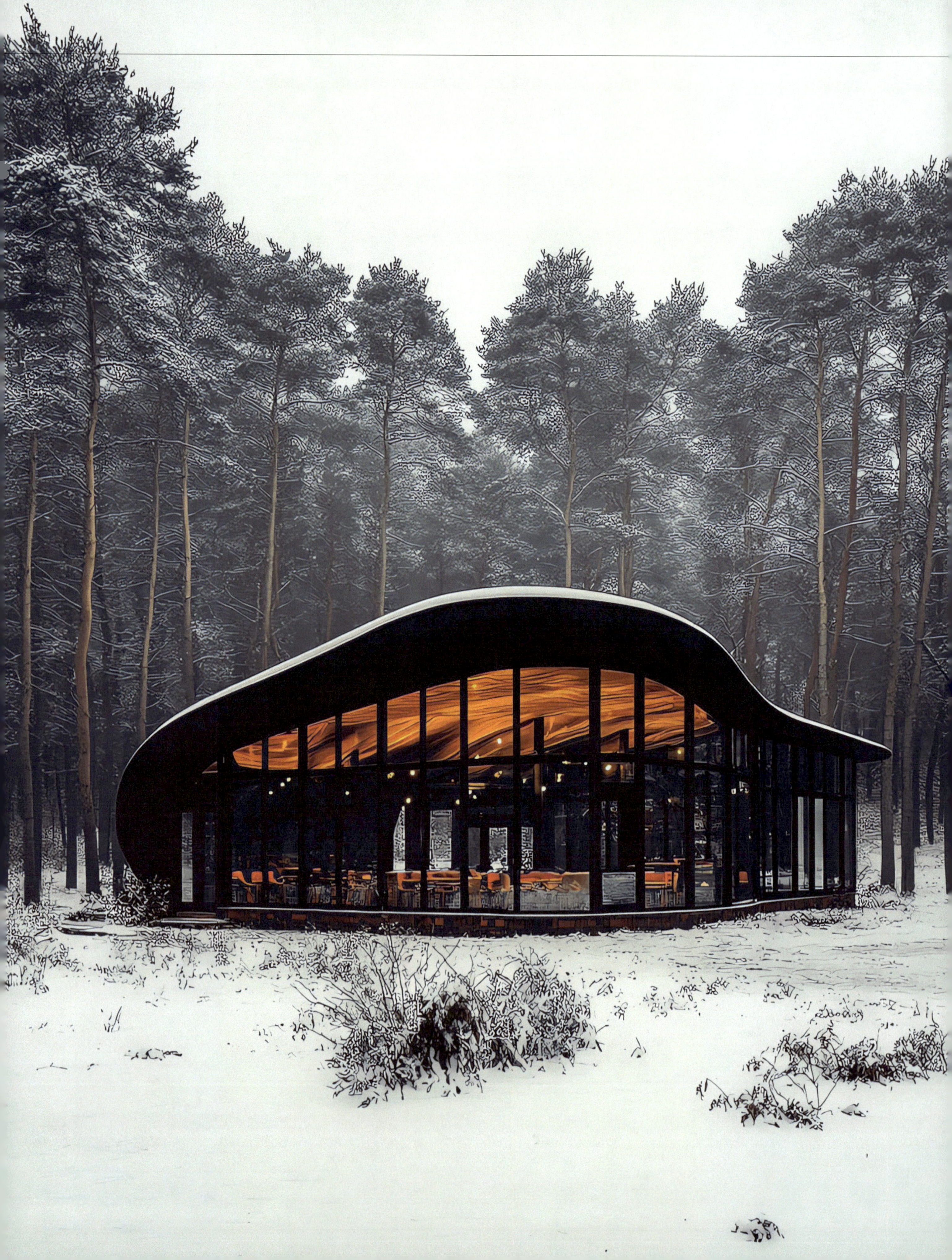

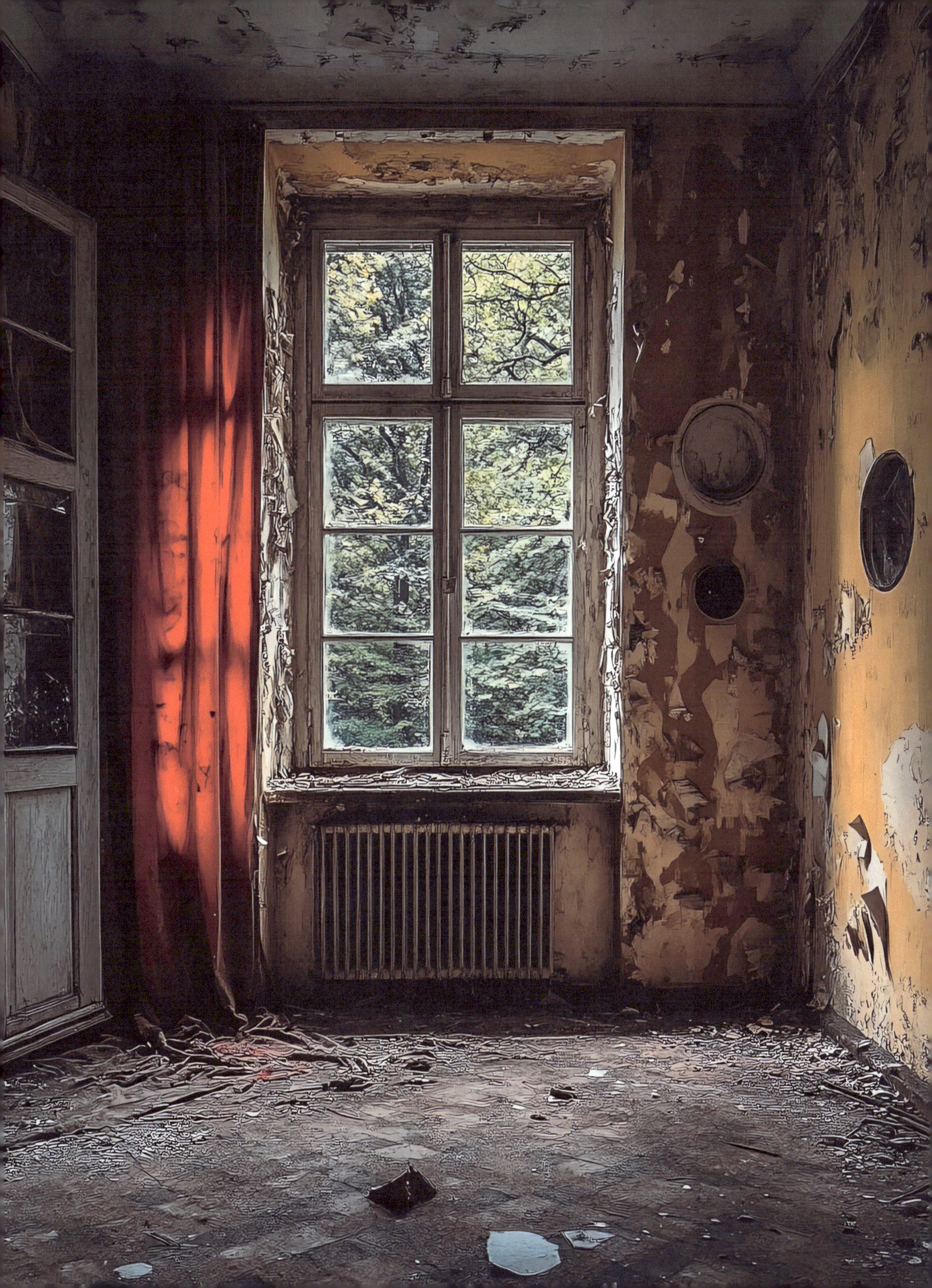

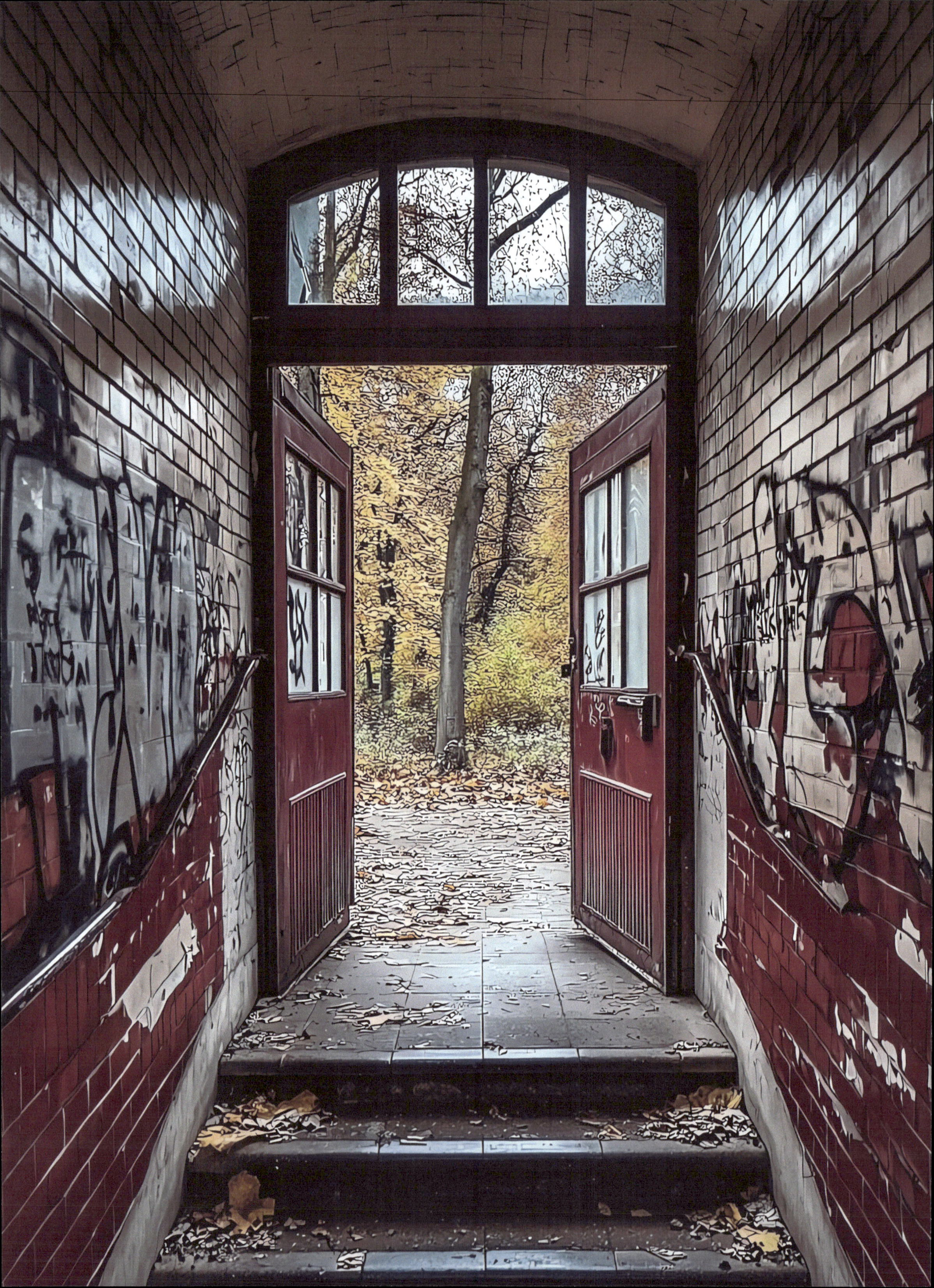

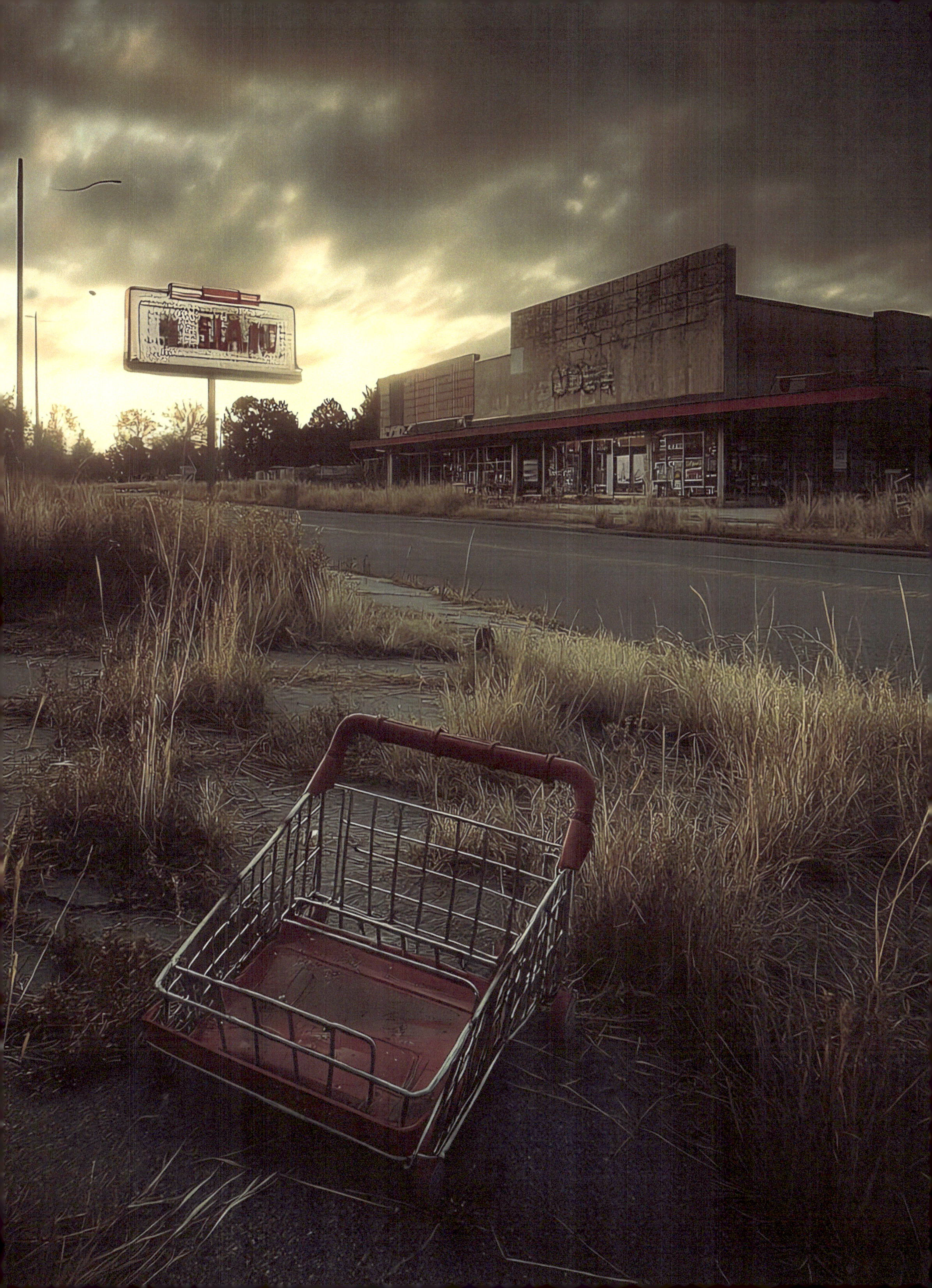

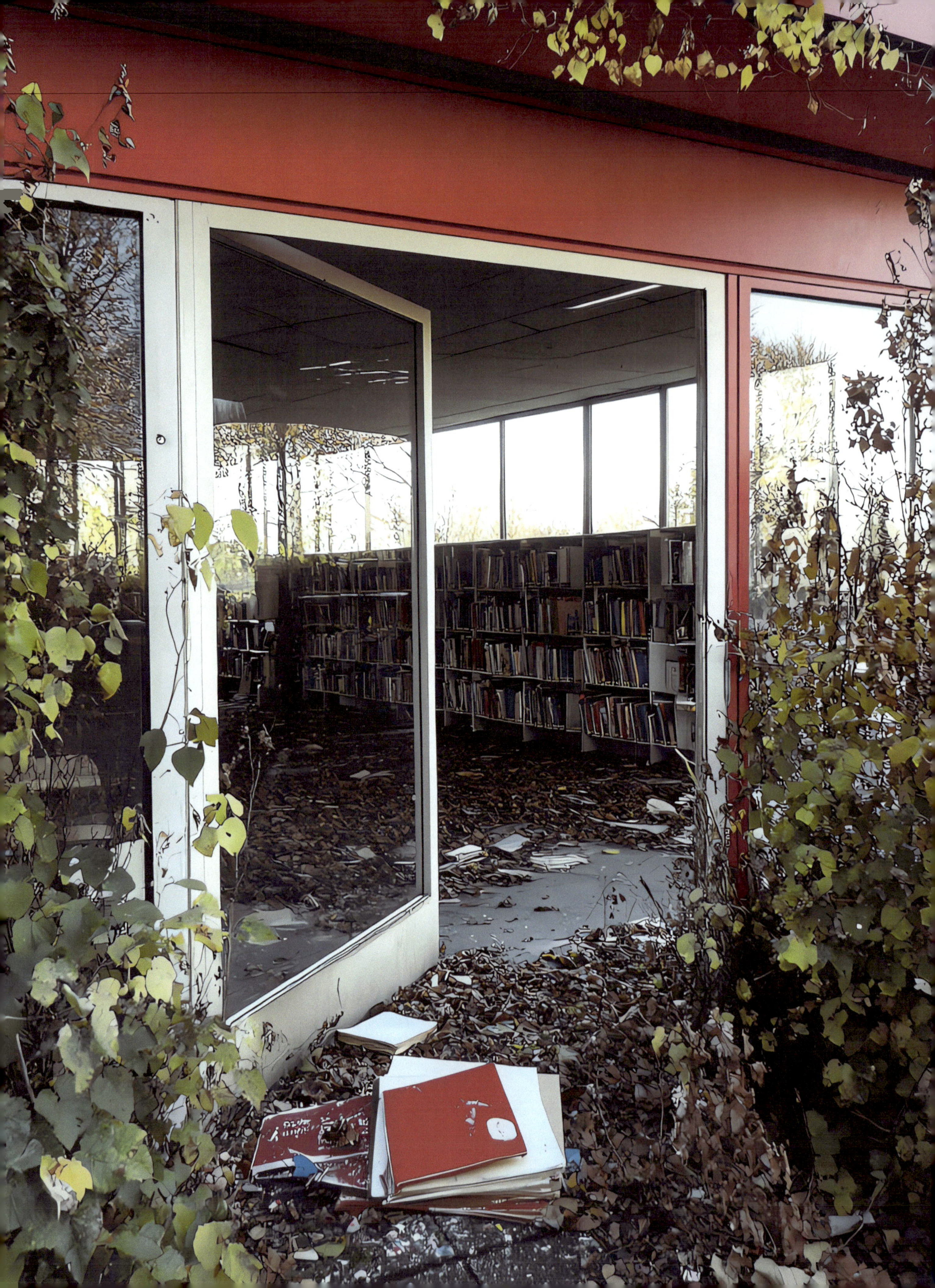

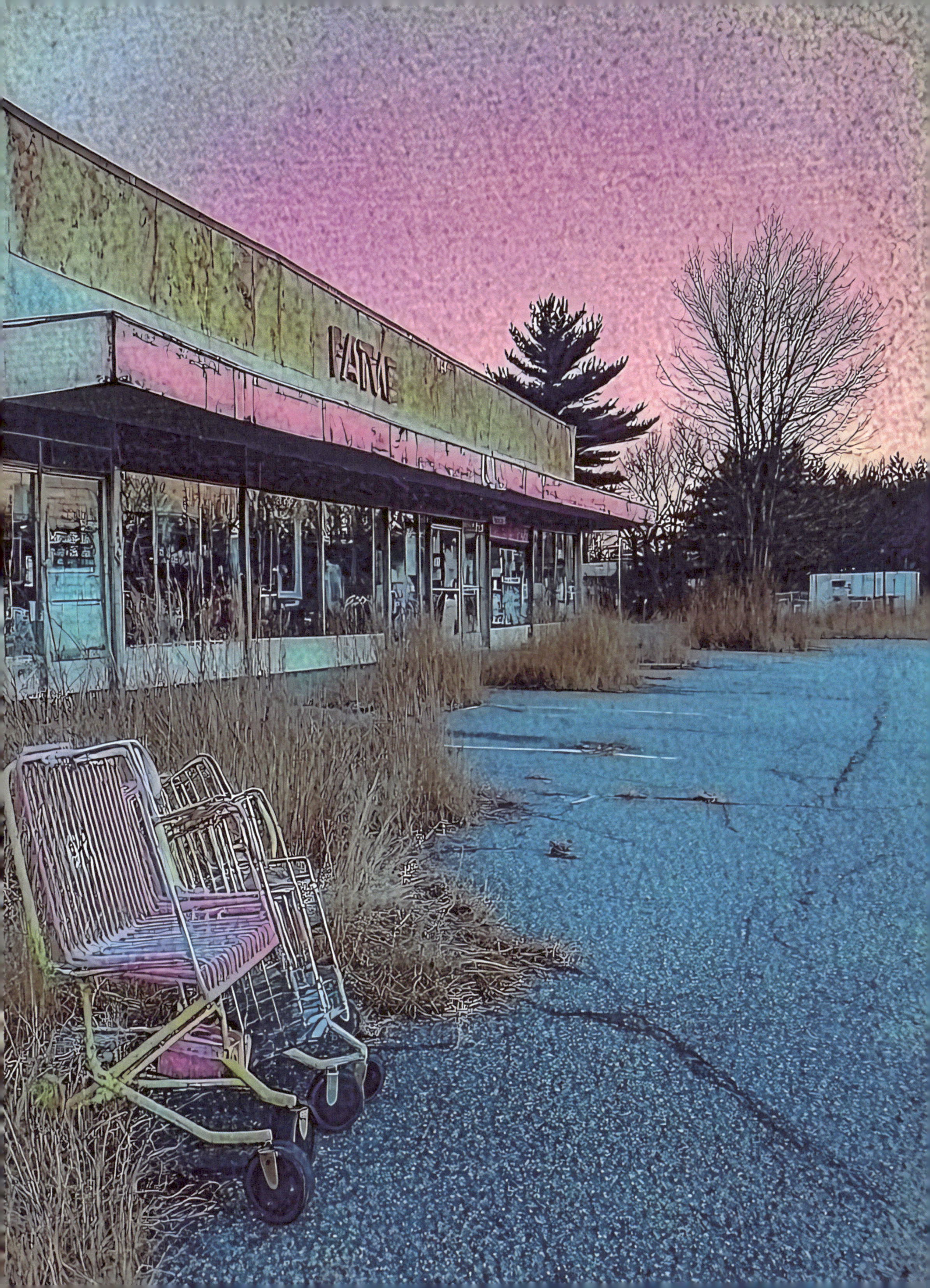

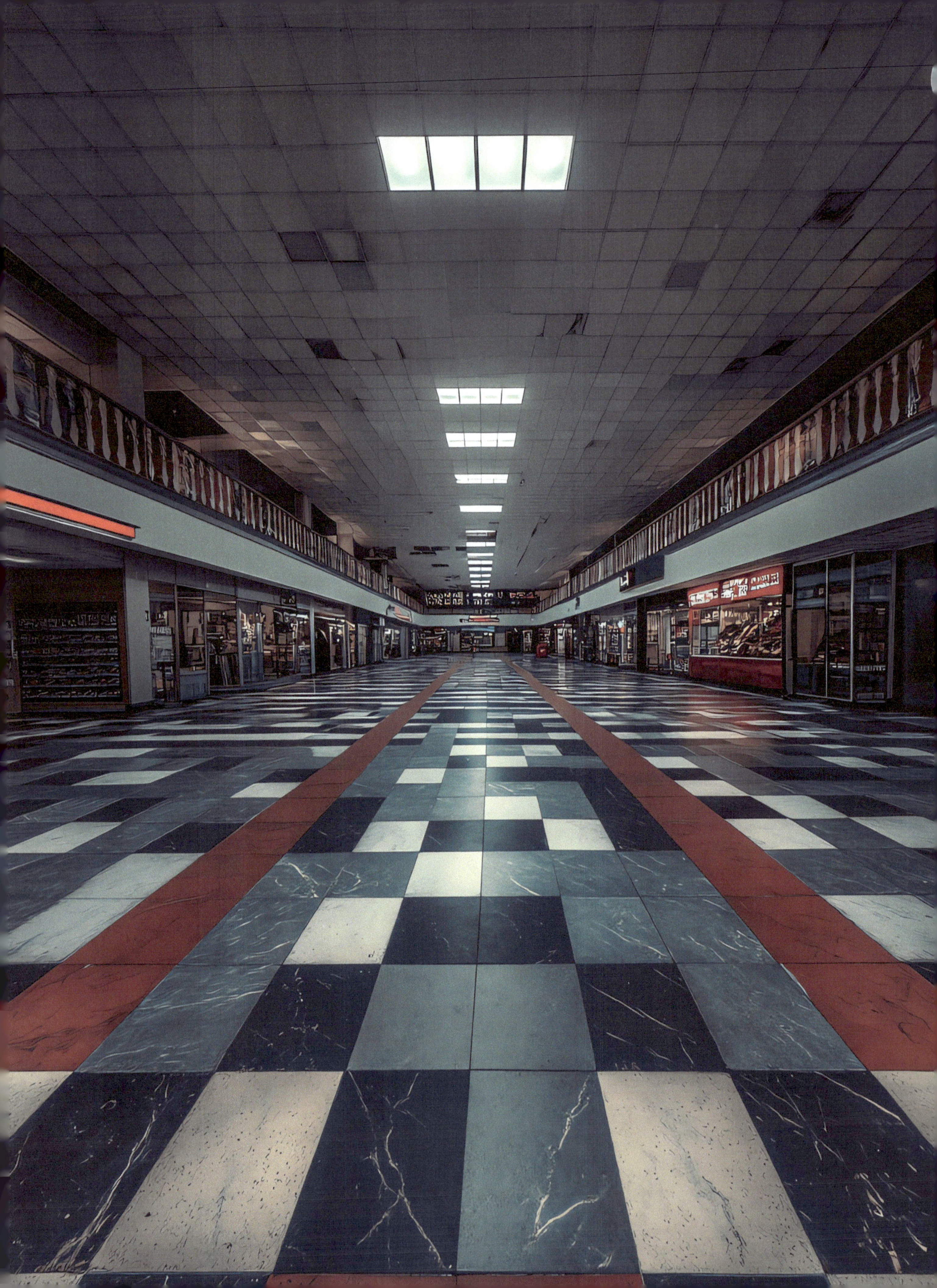

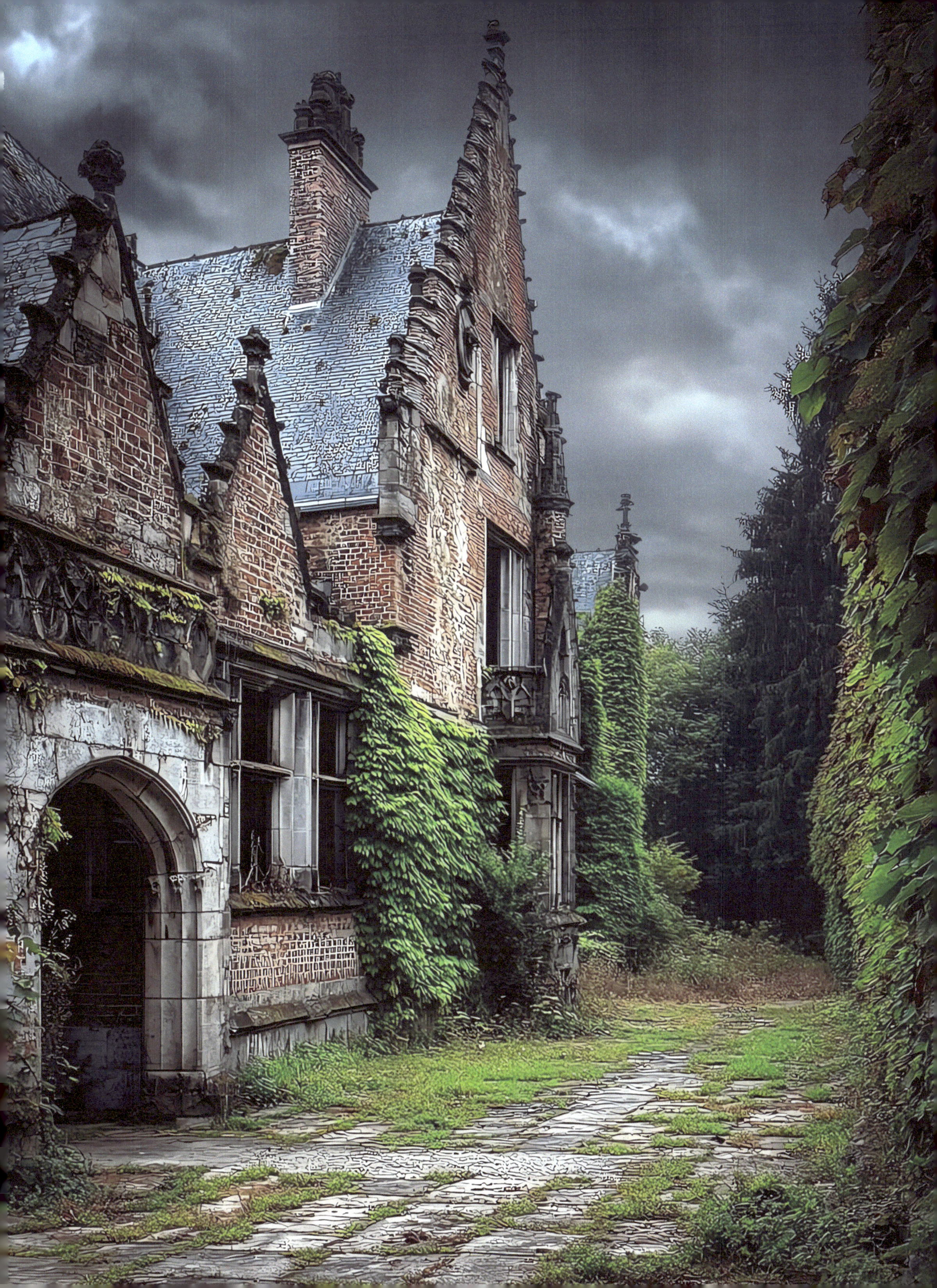

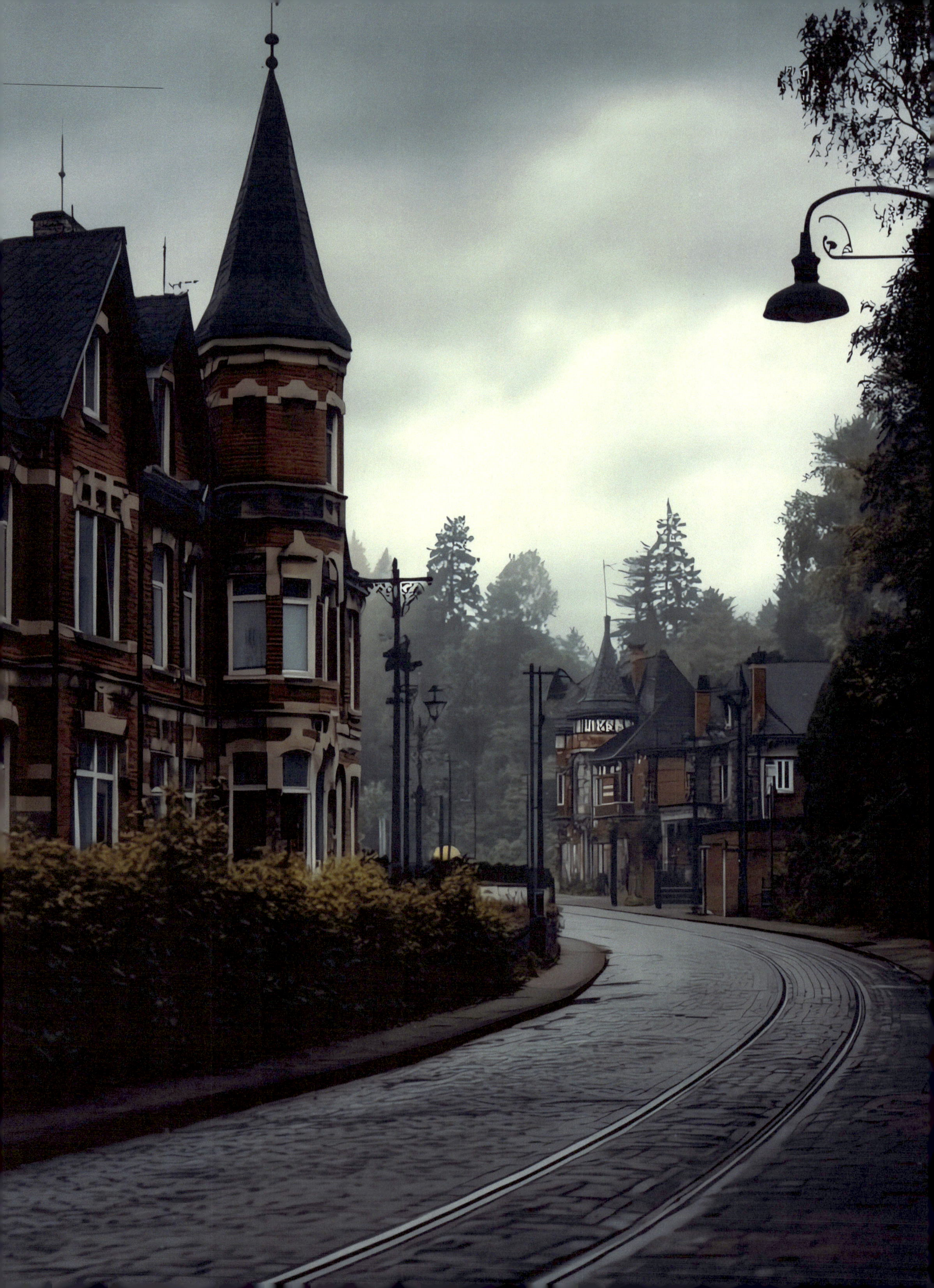

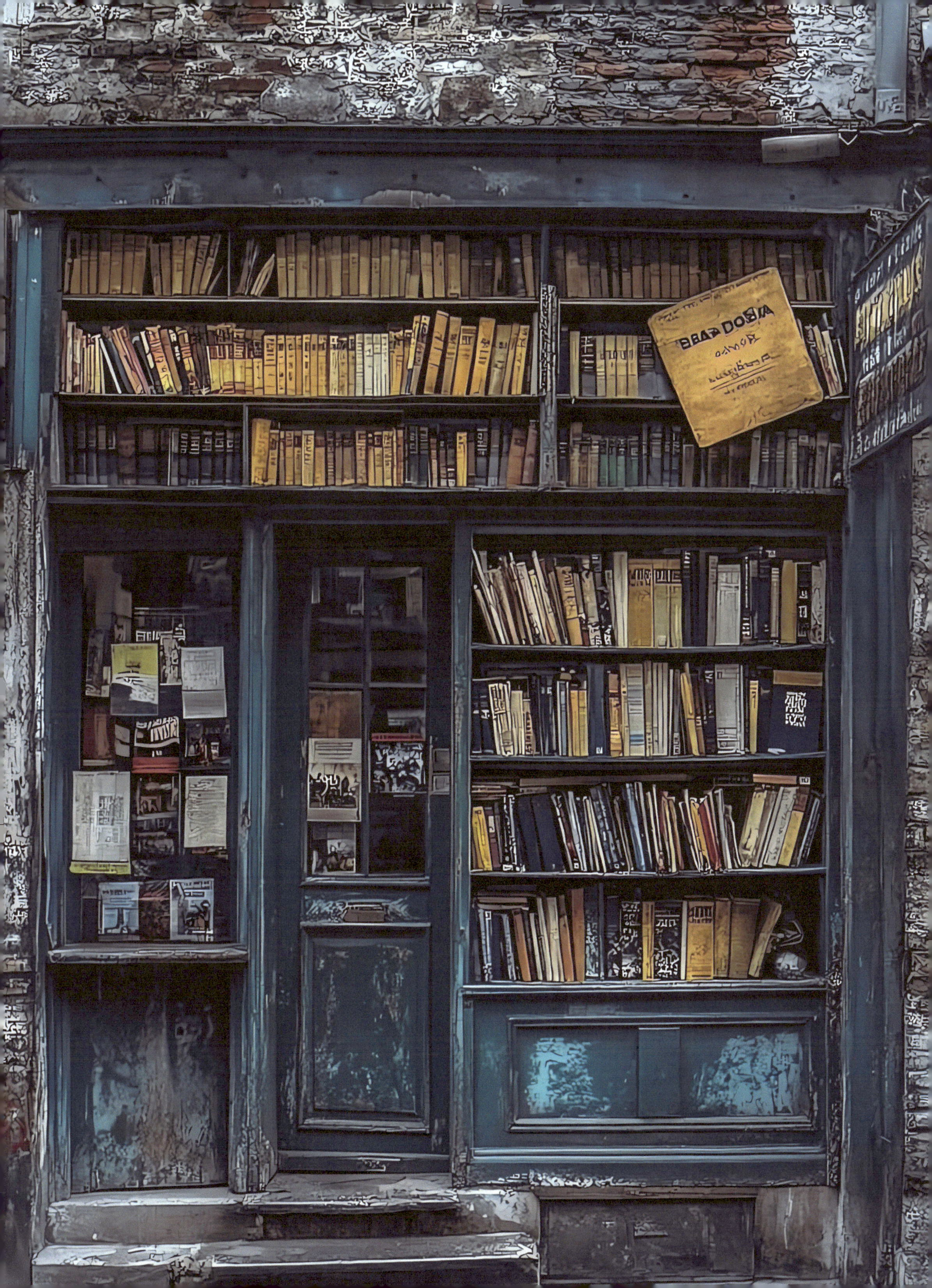

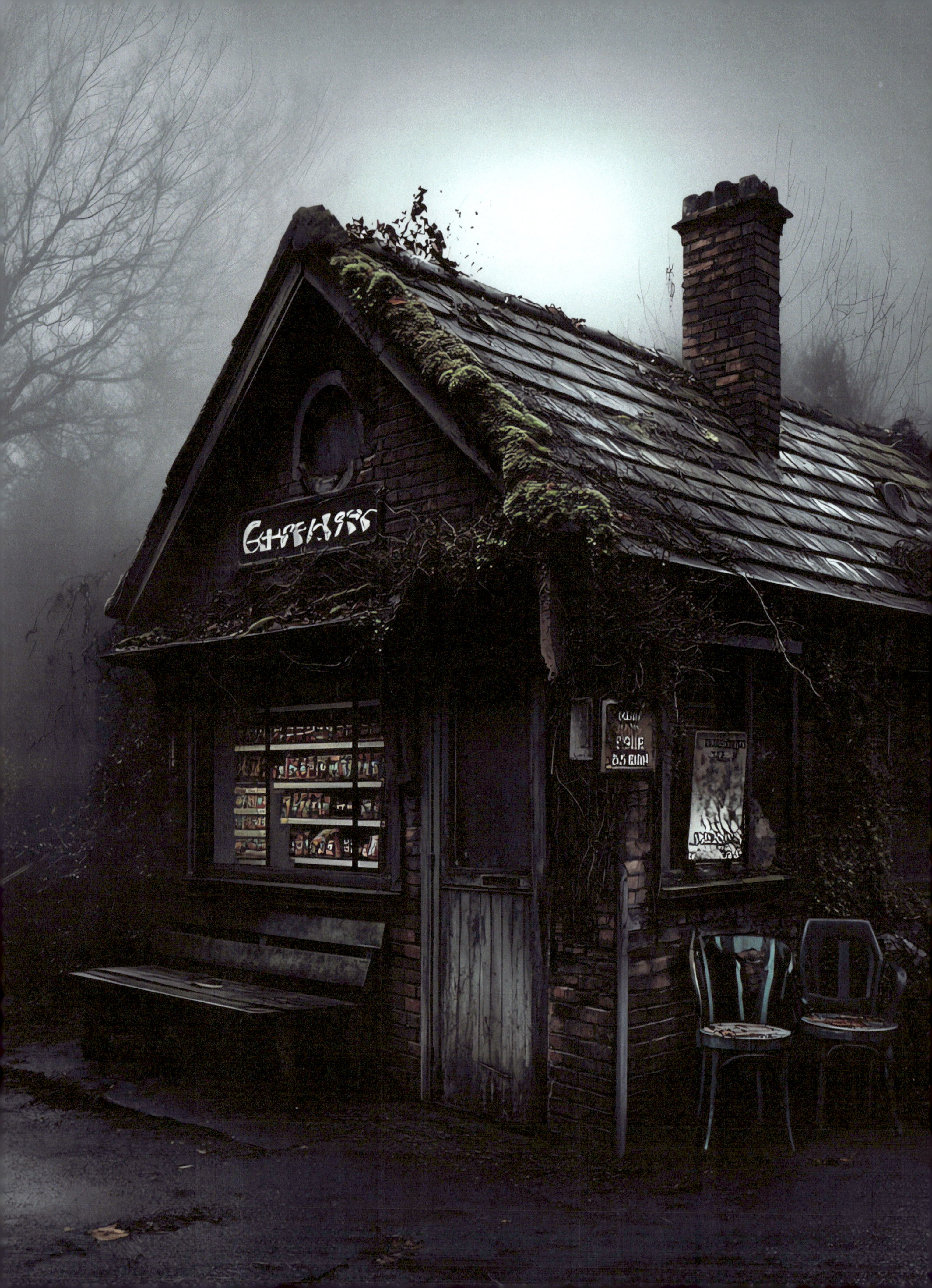

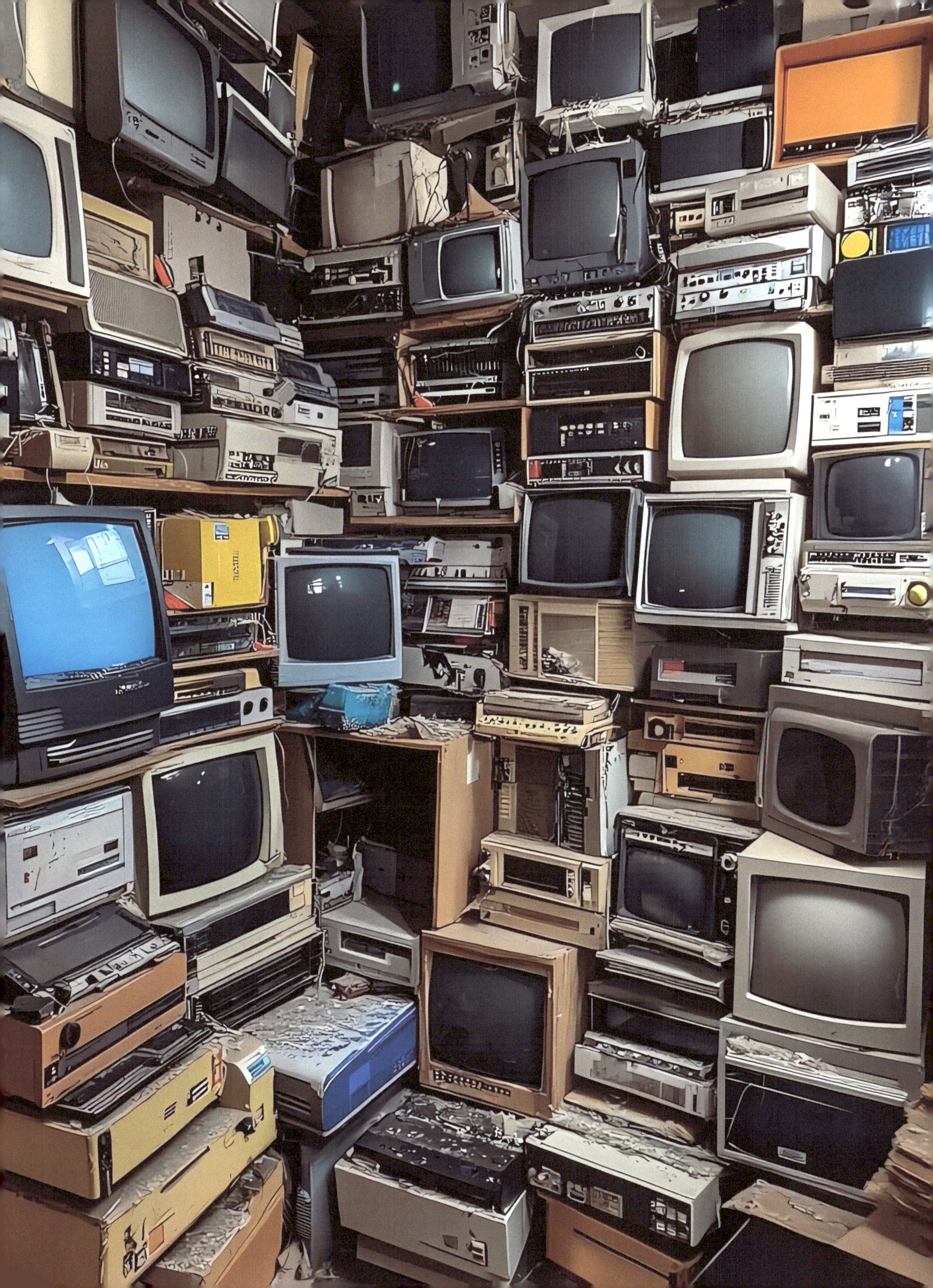

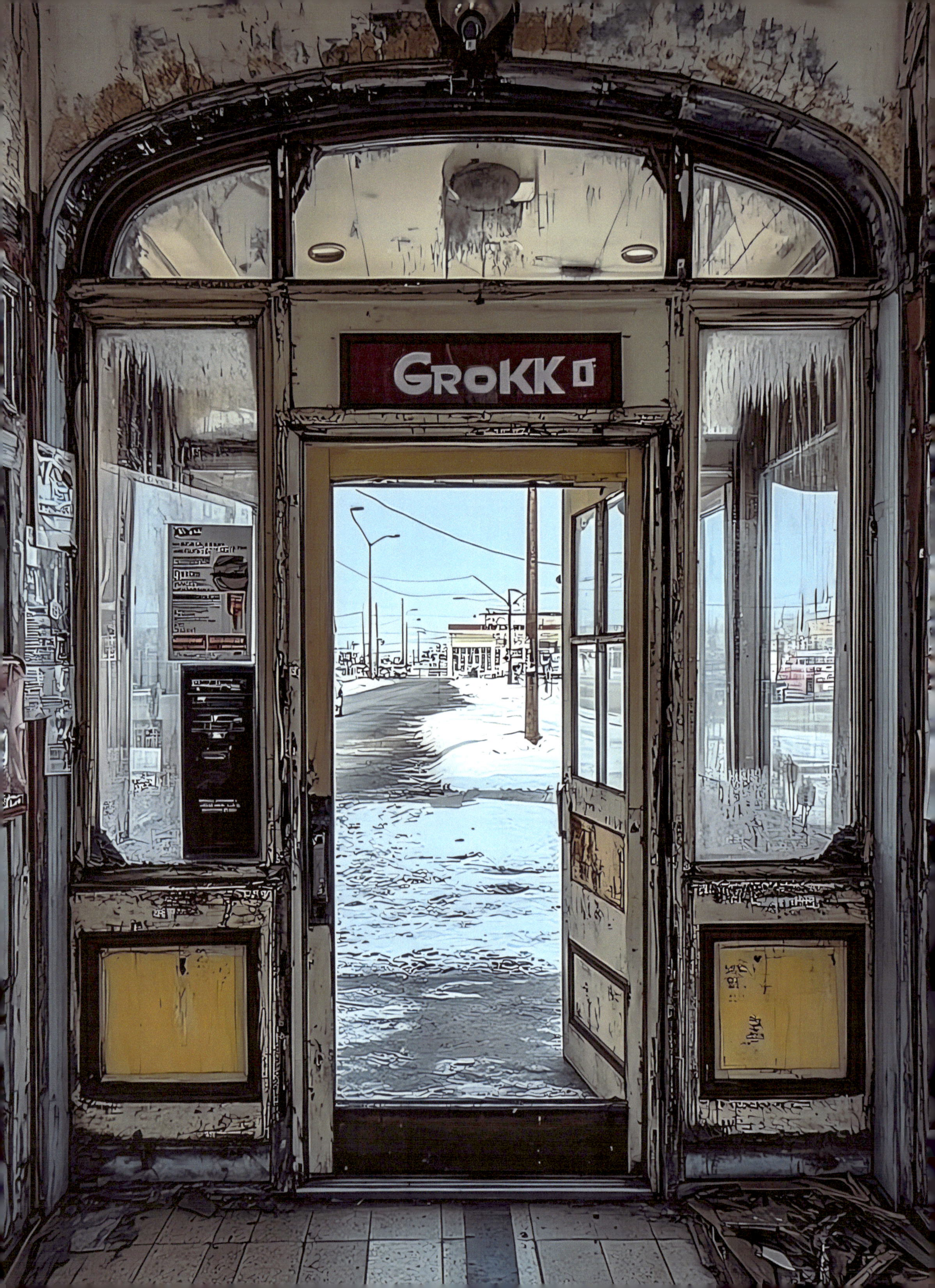
GROKK

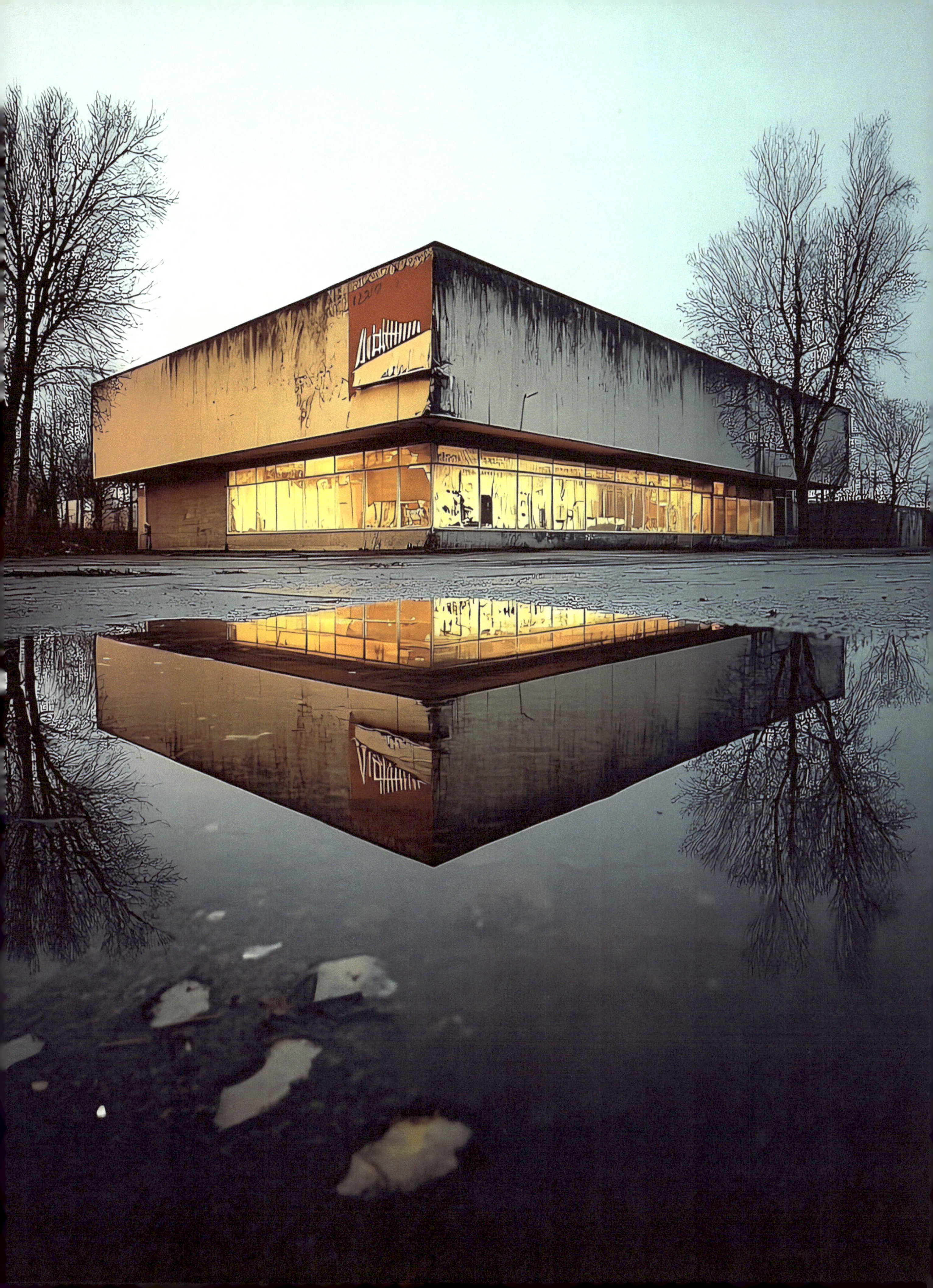

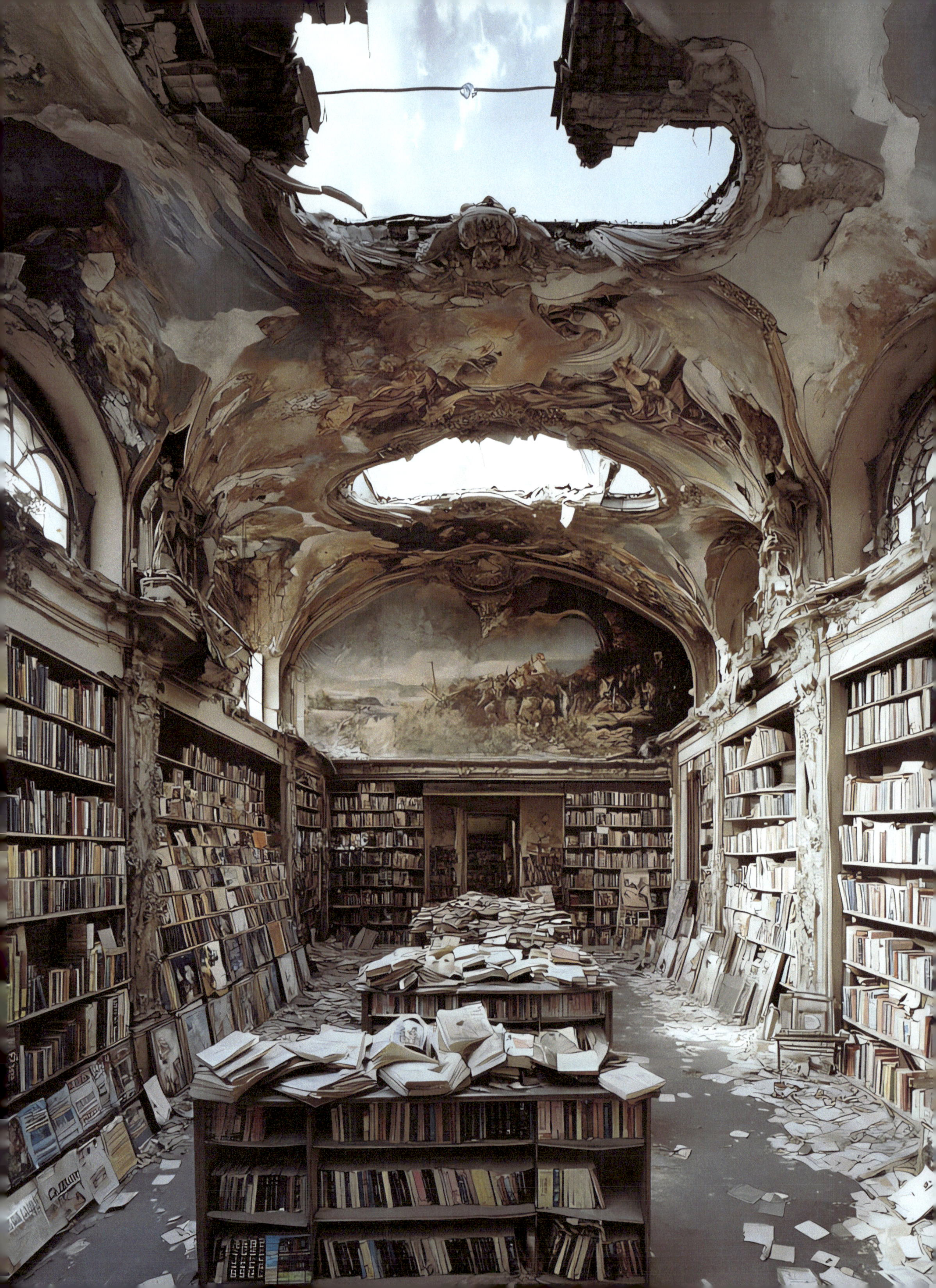

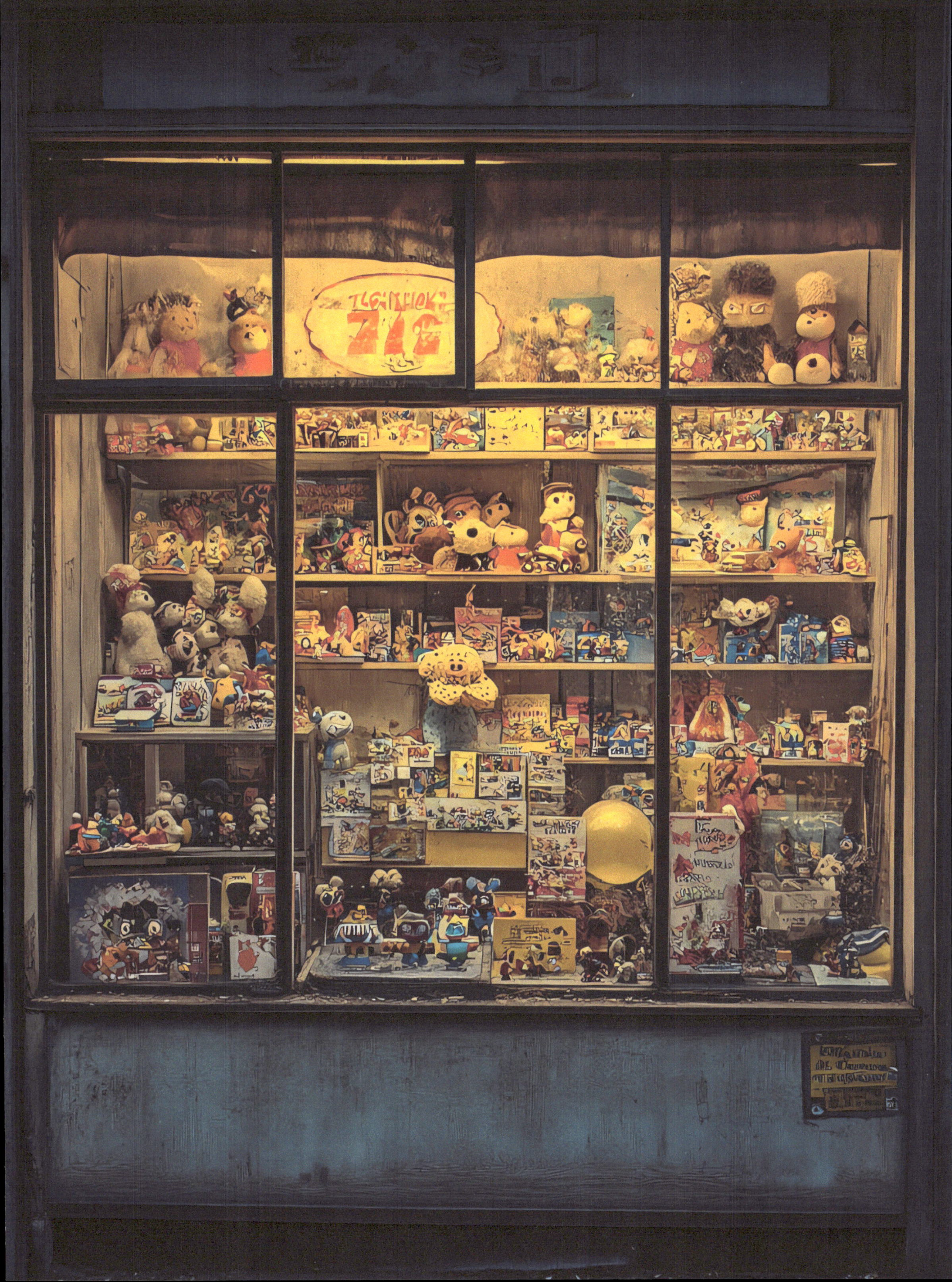

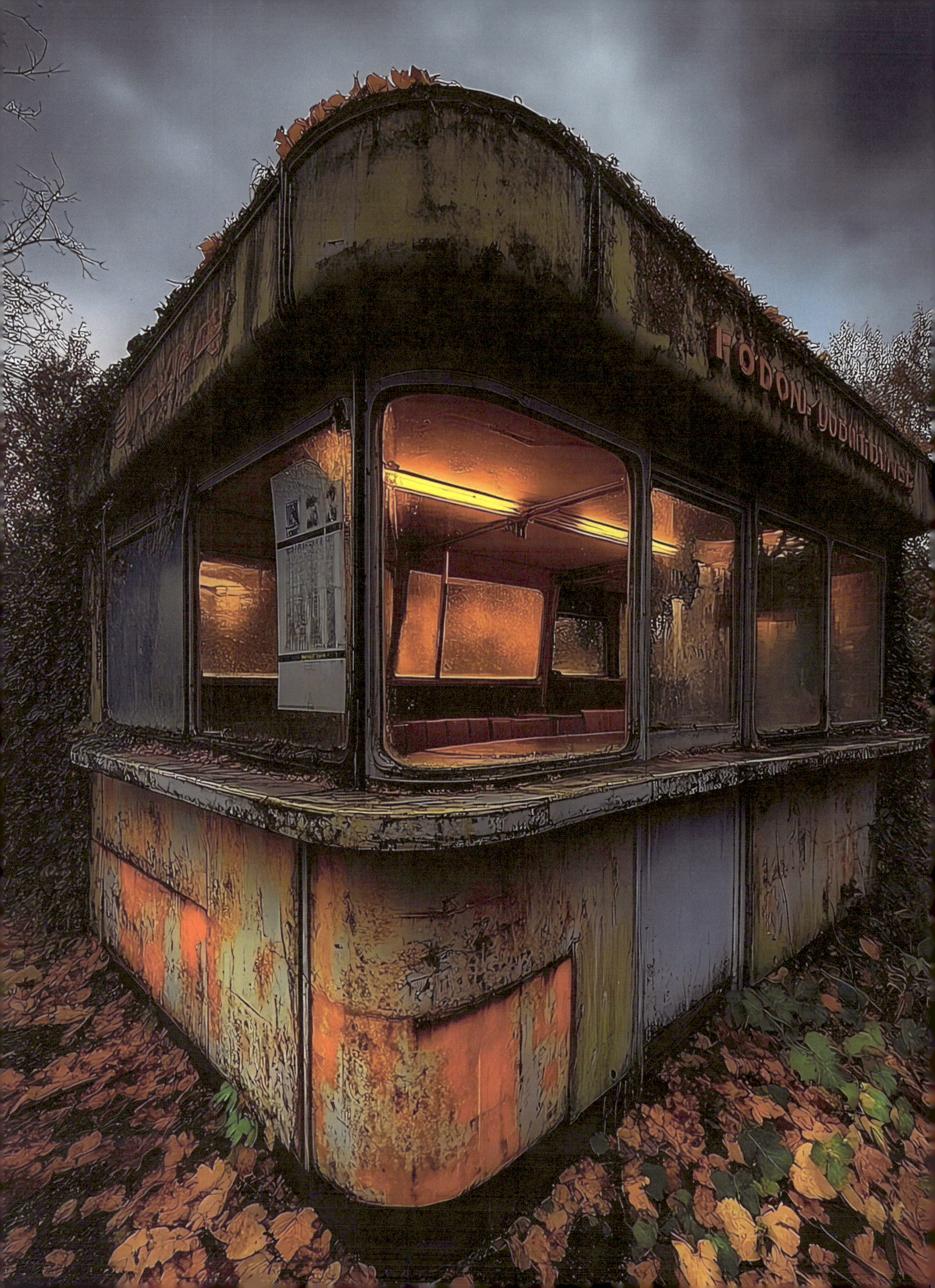

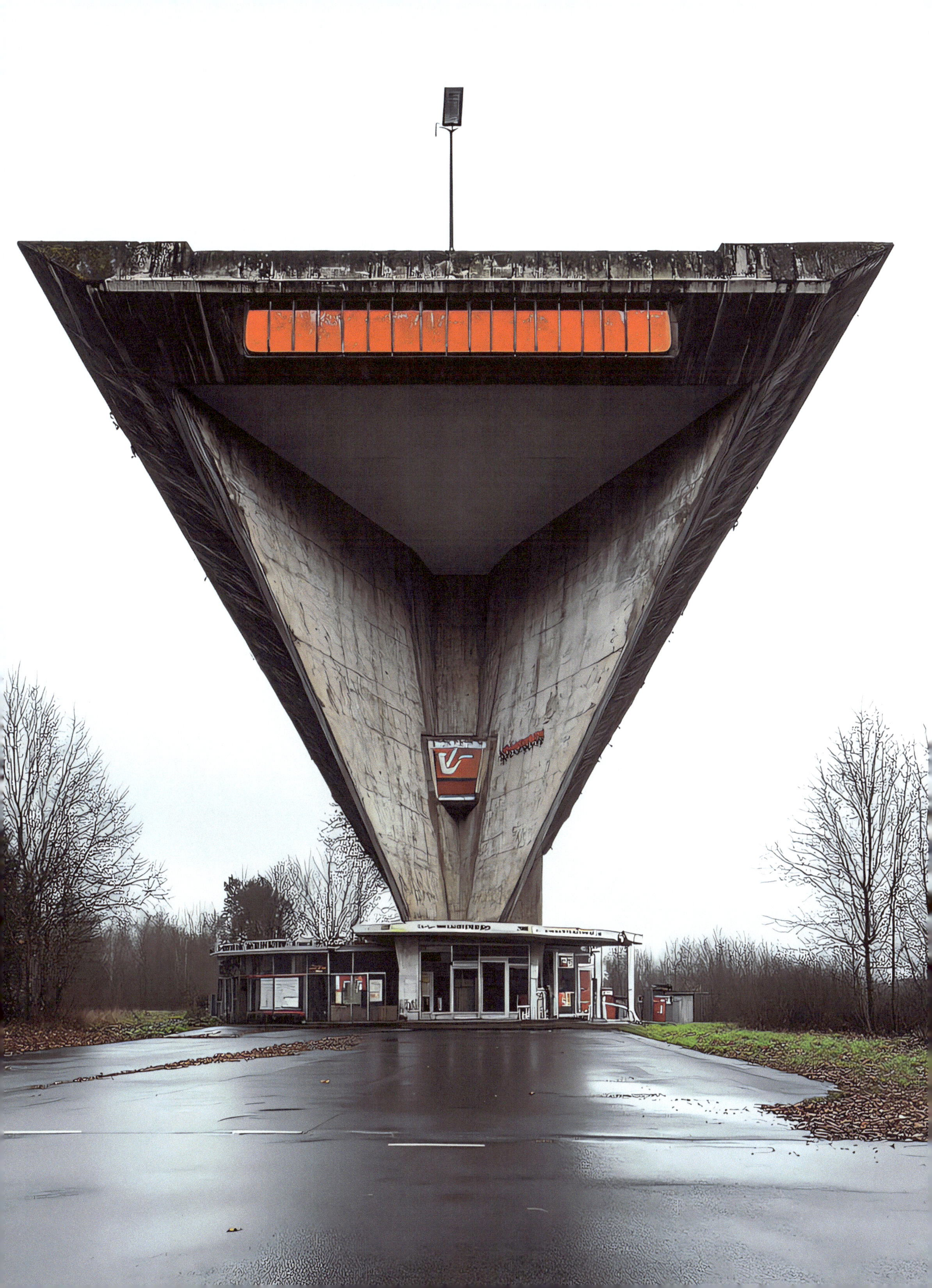

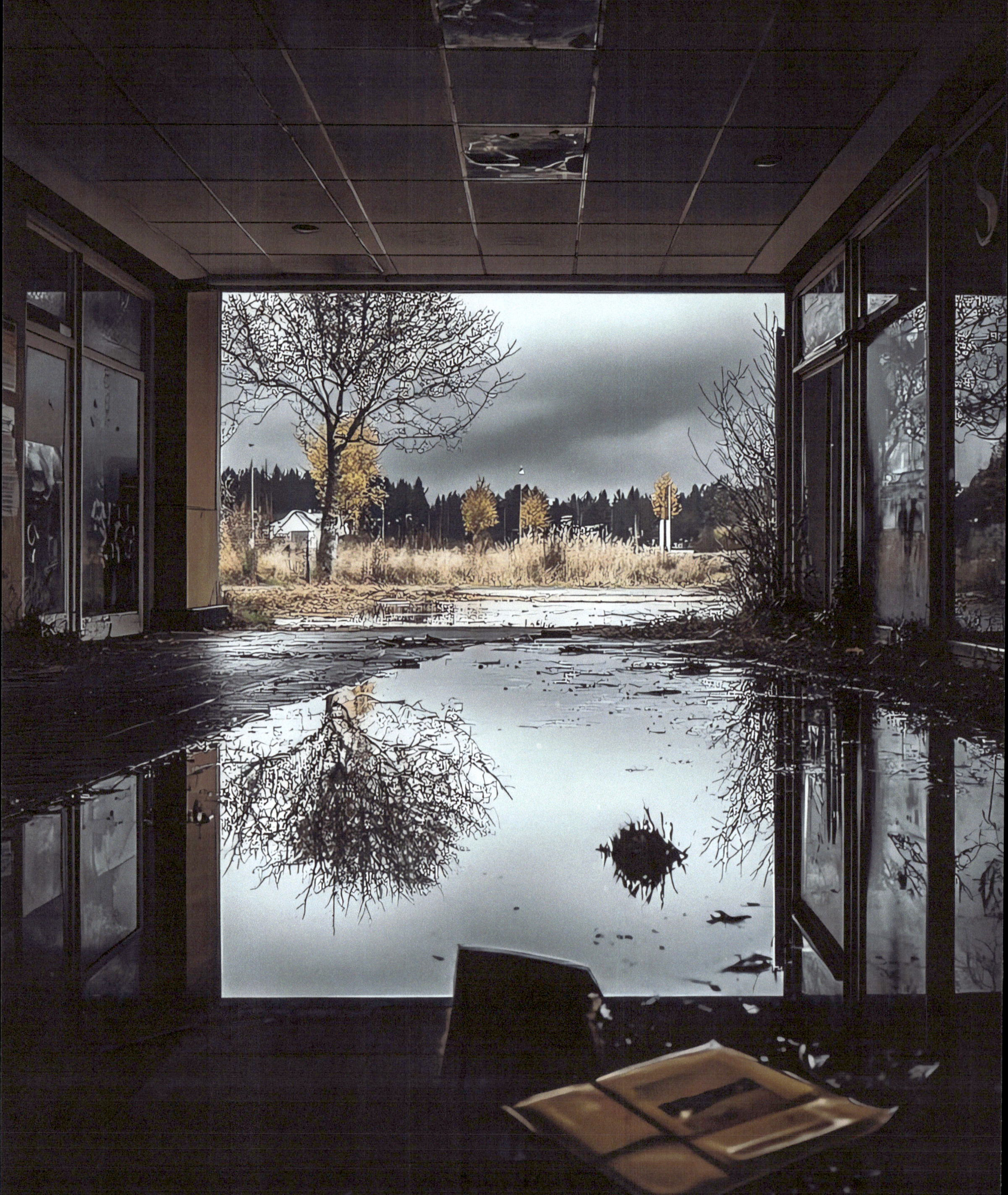

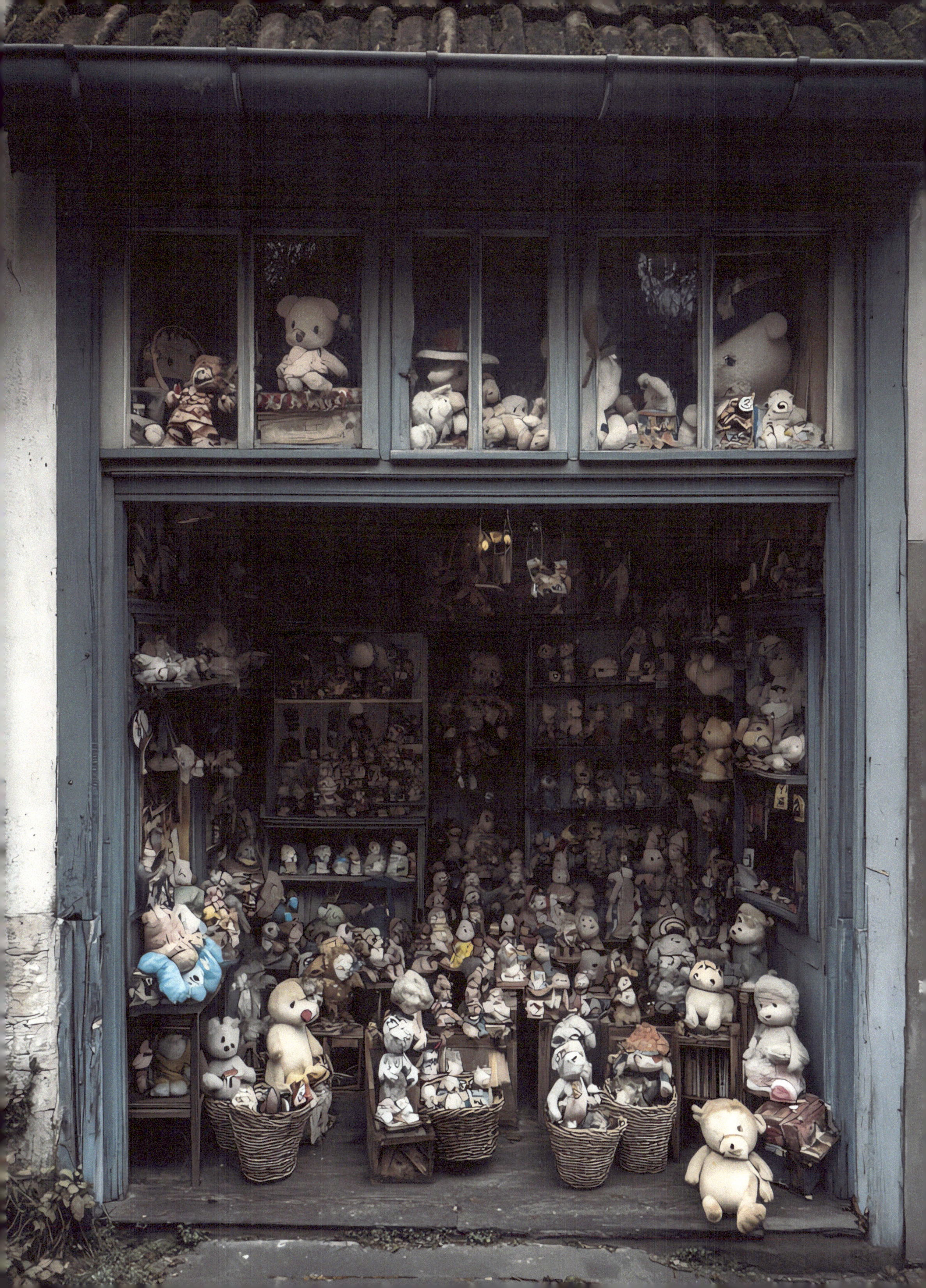

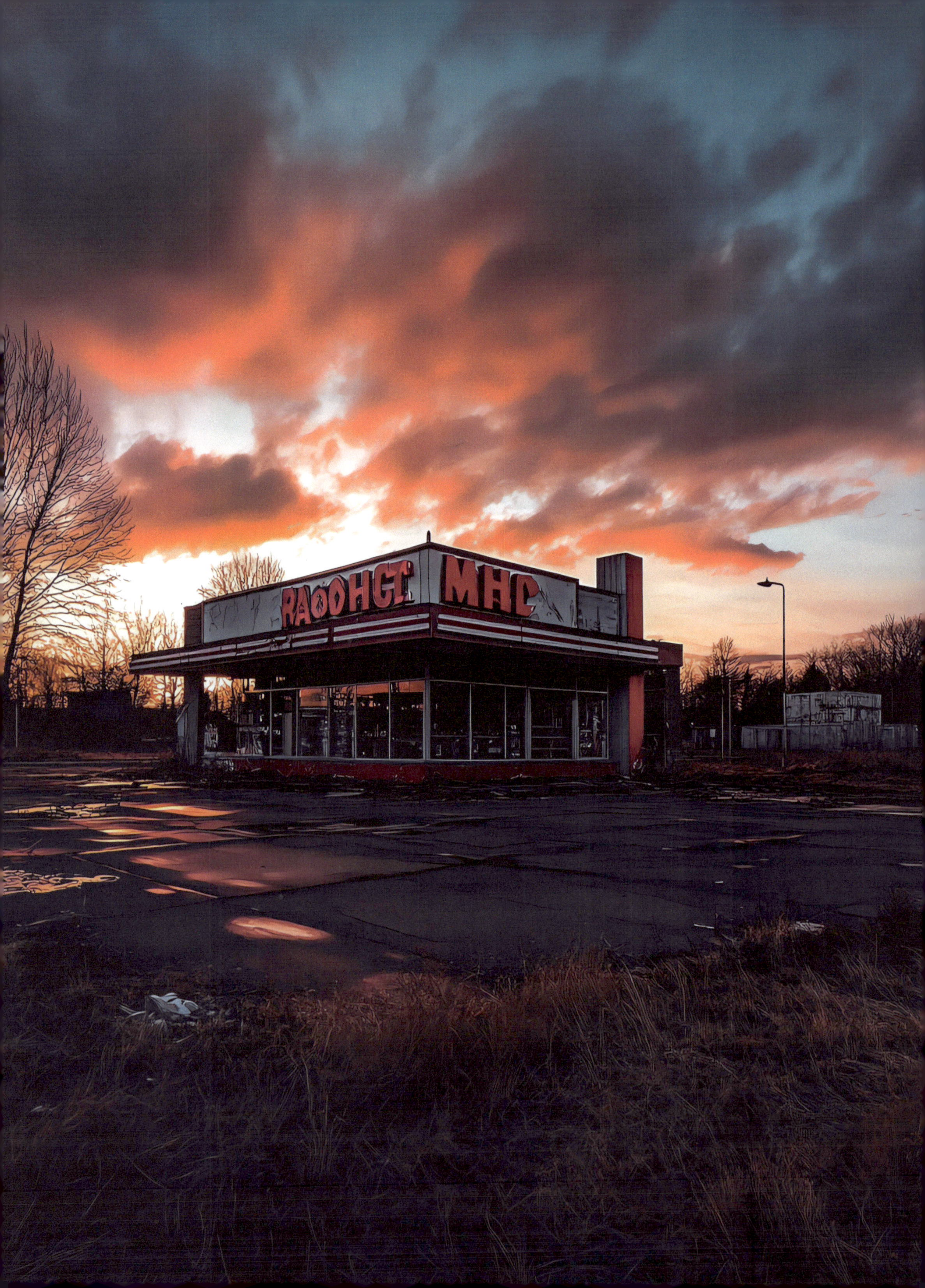
MHC

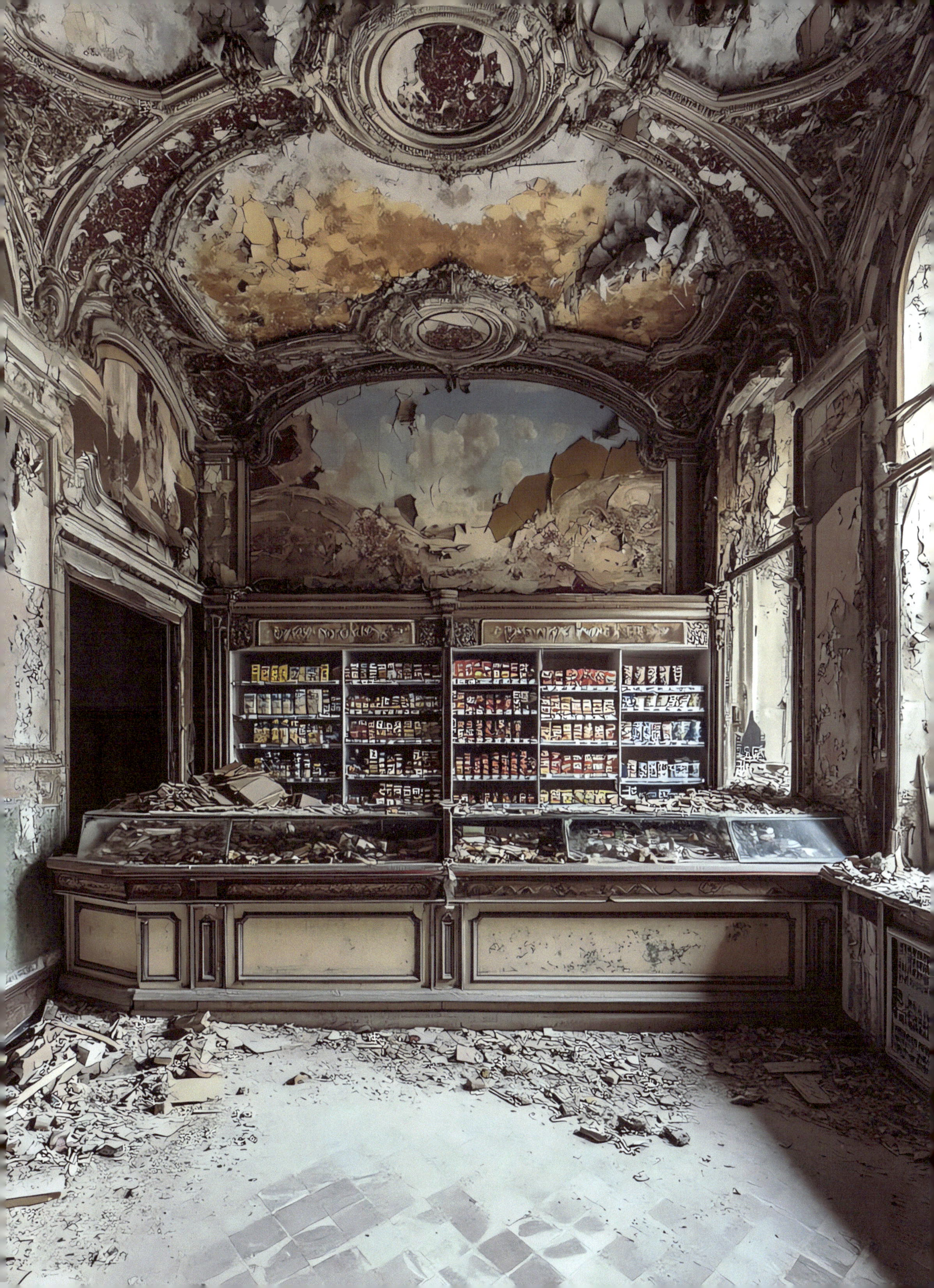

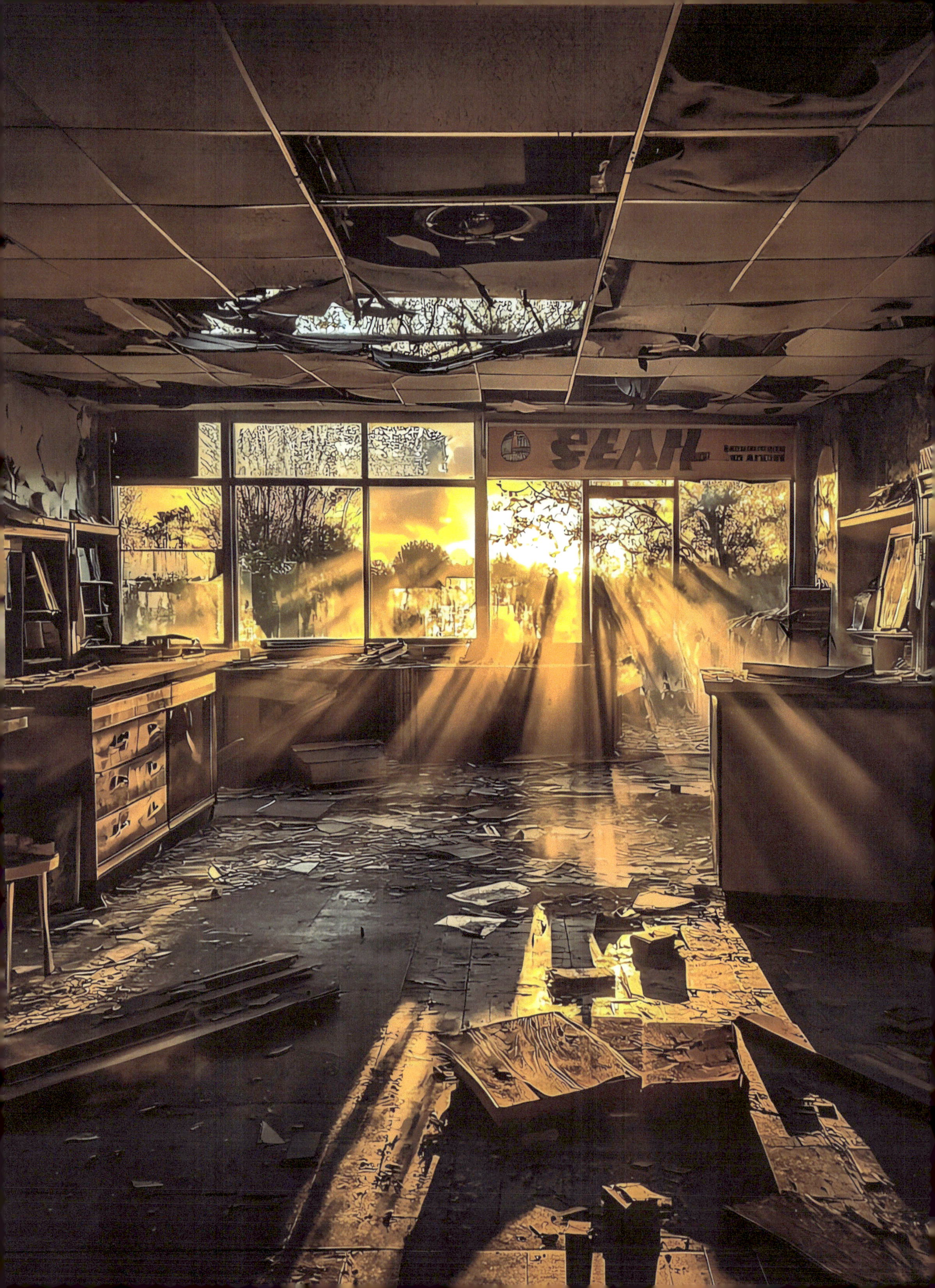
SEAH

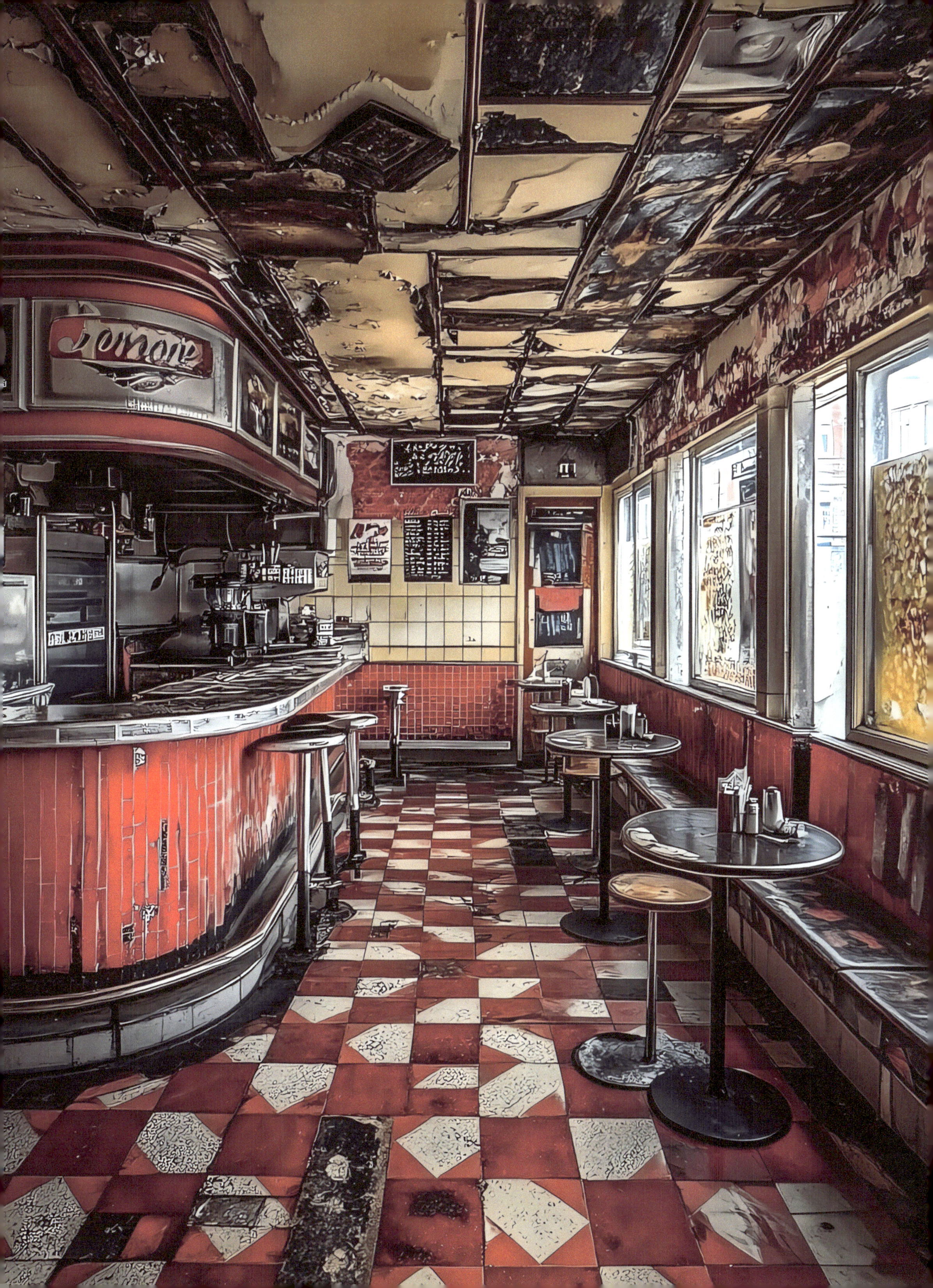

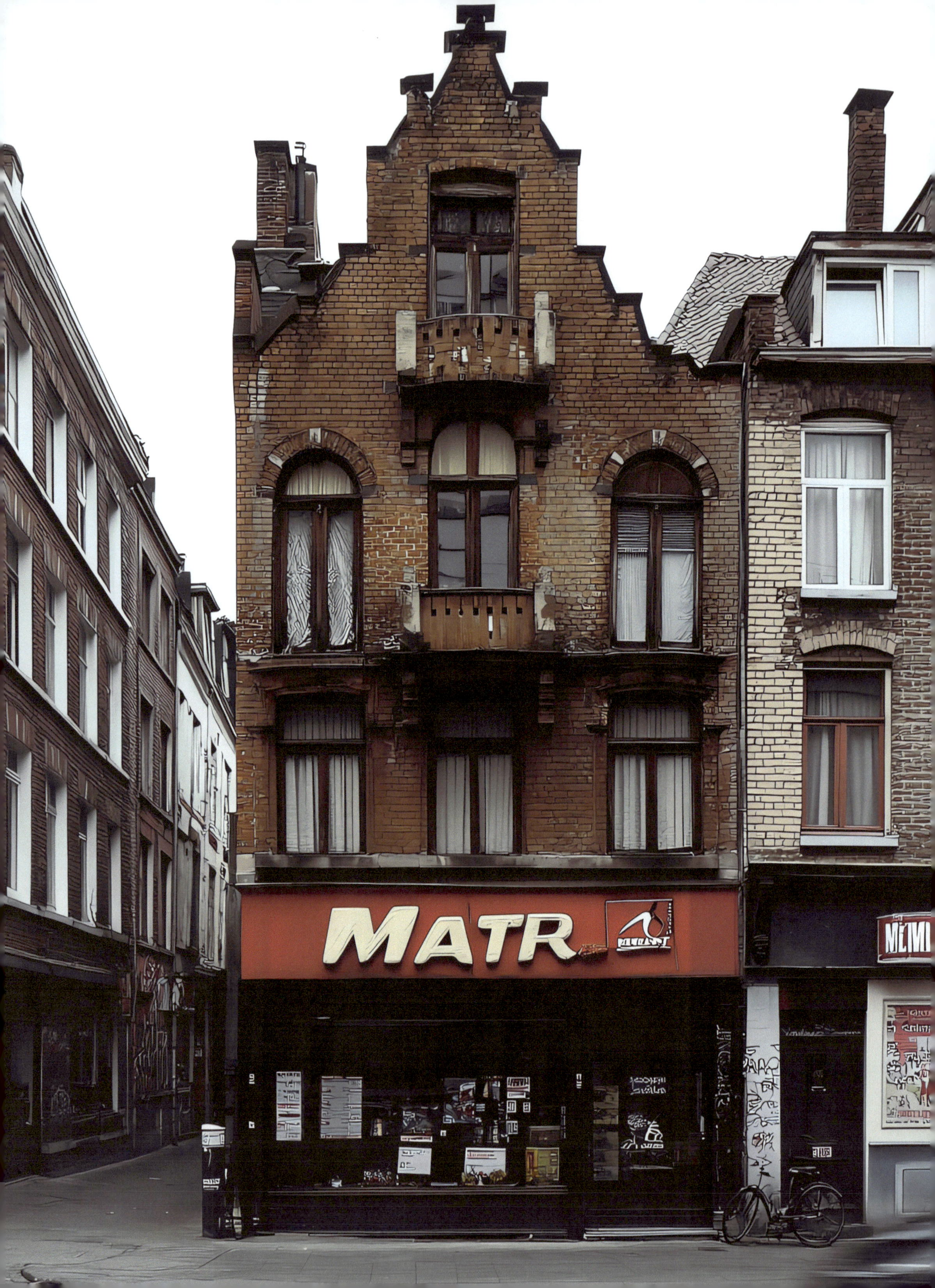
MATR

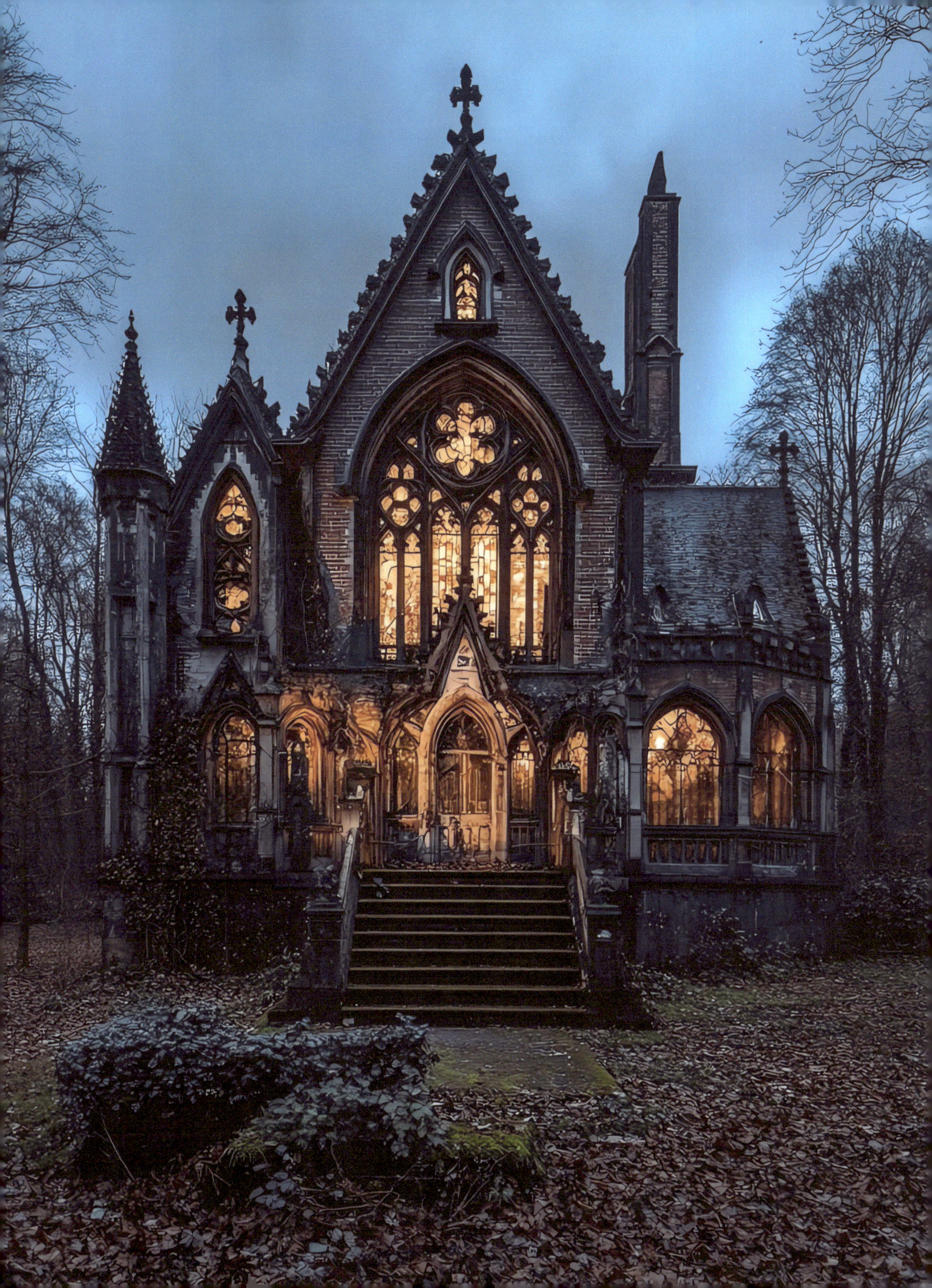

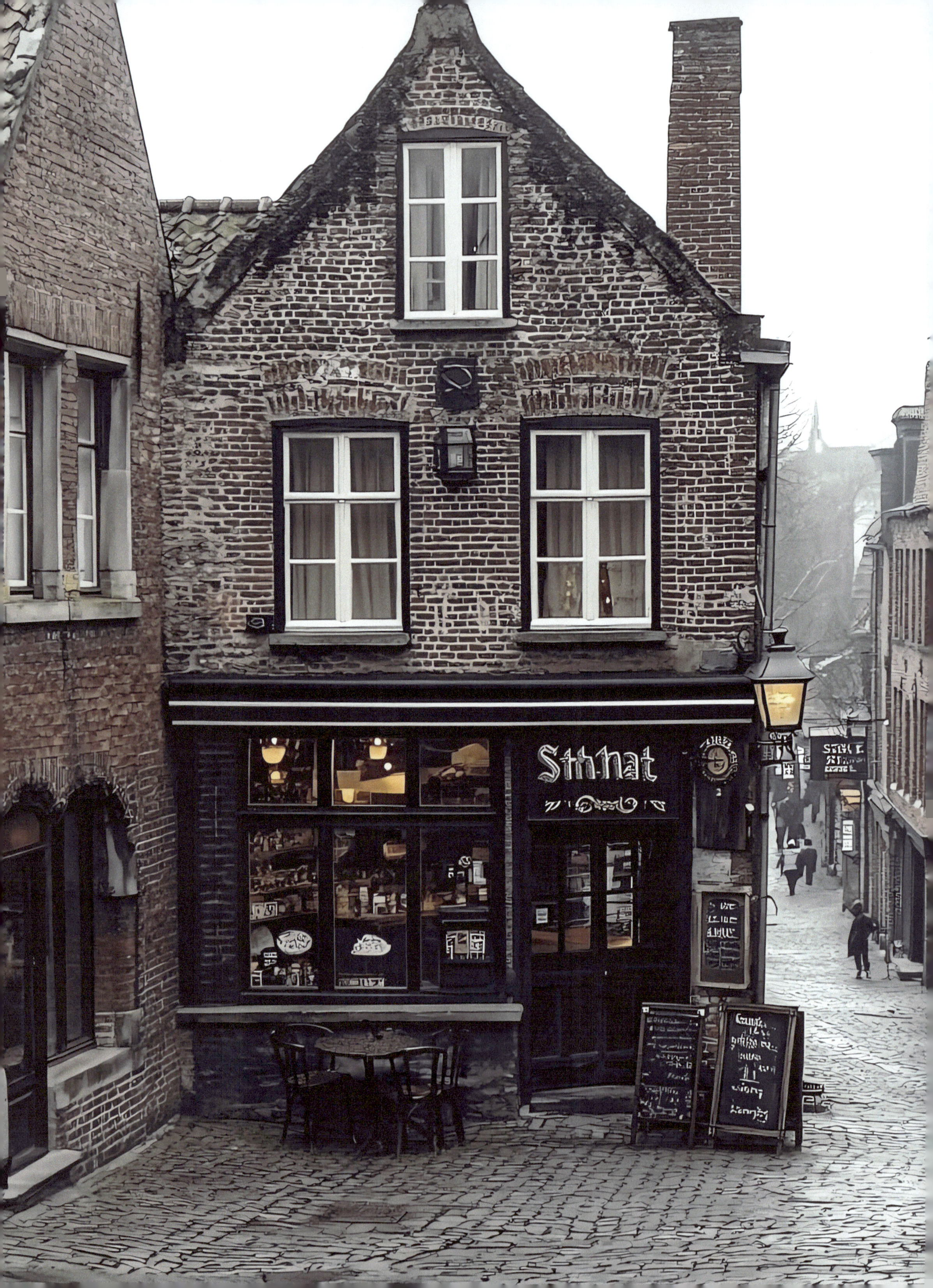

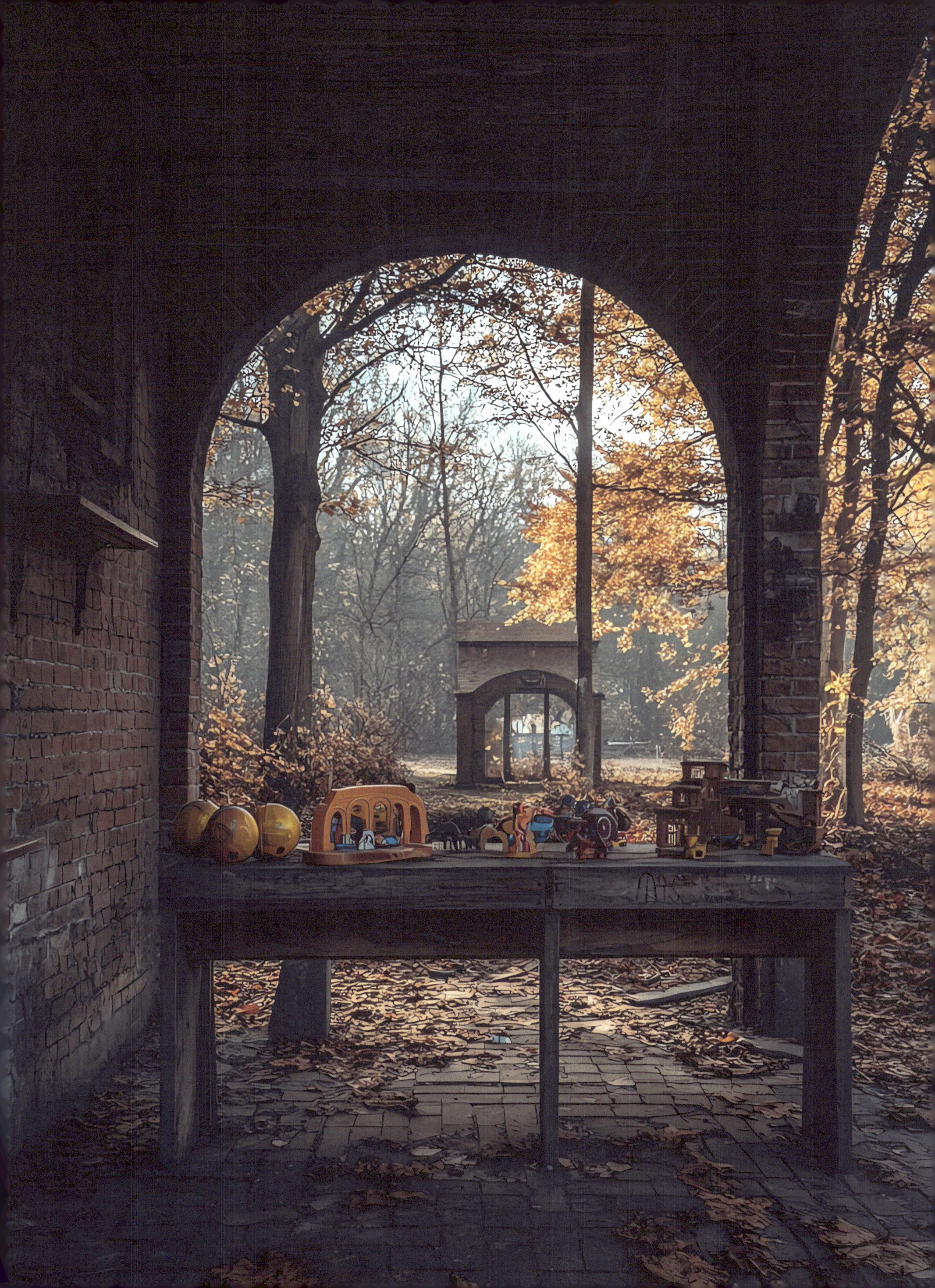

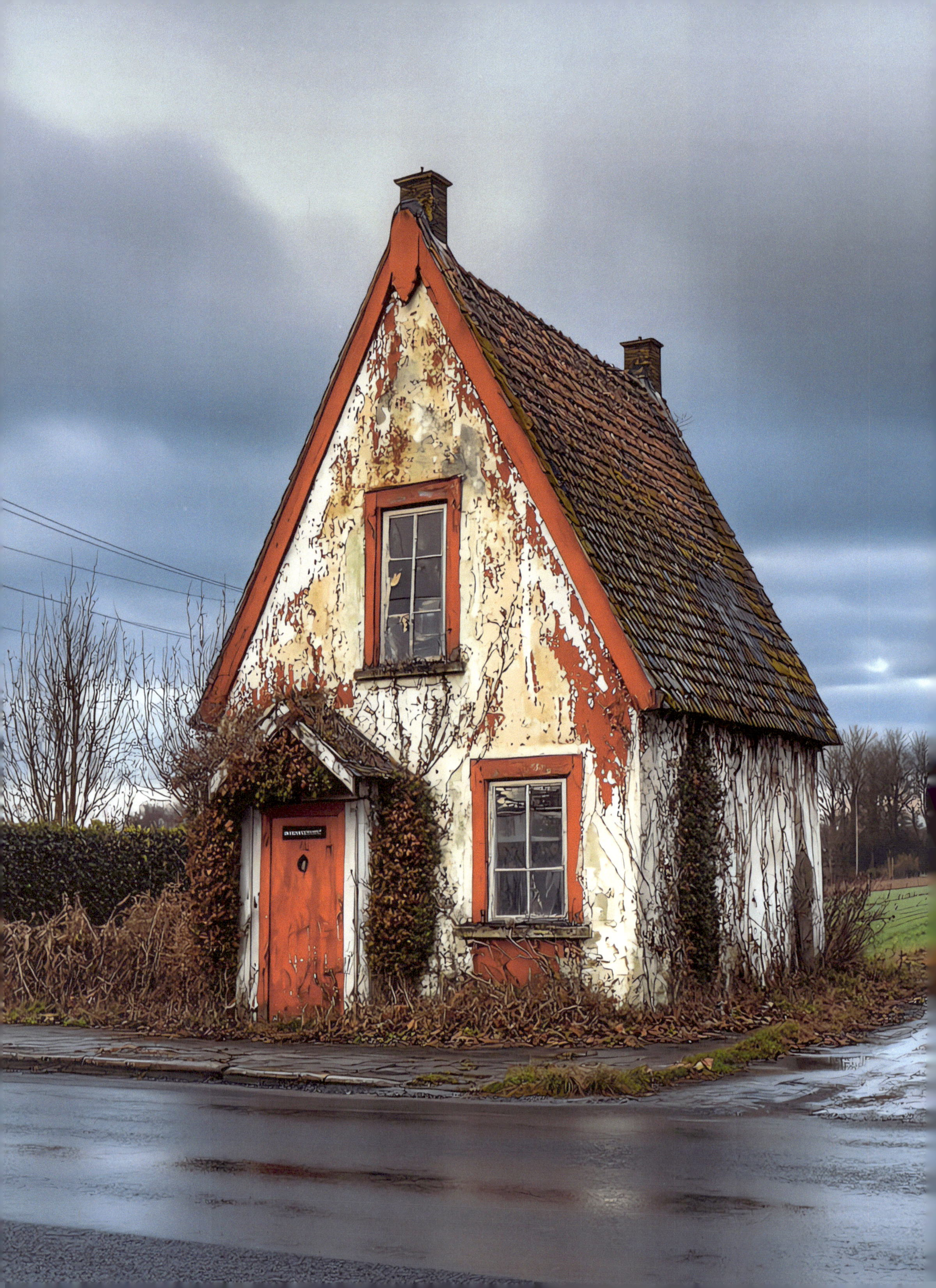

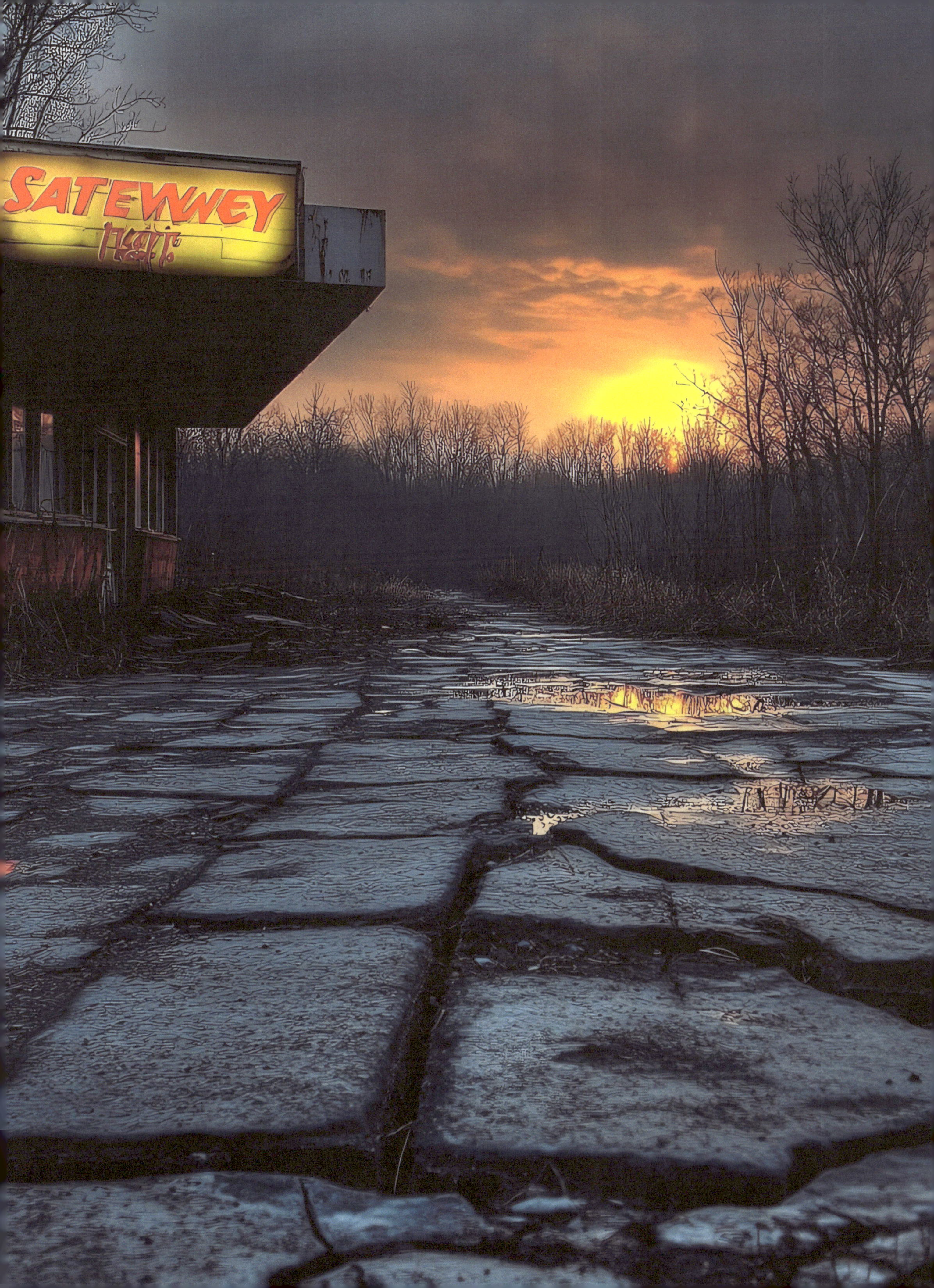

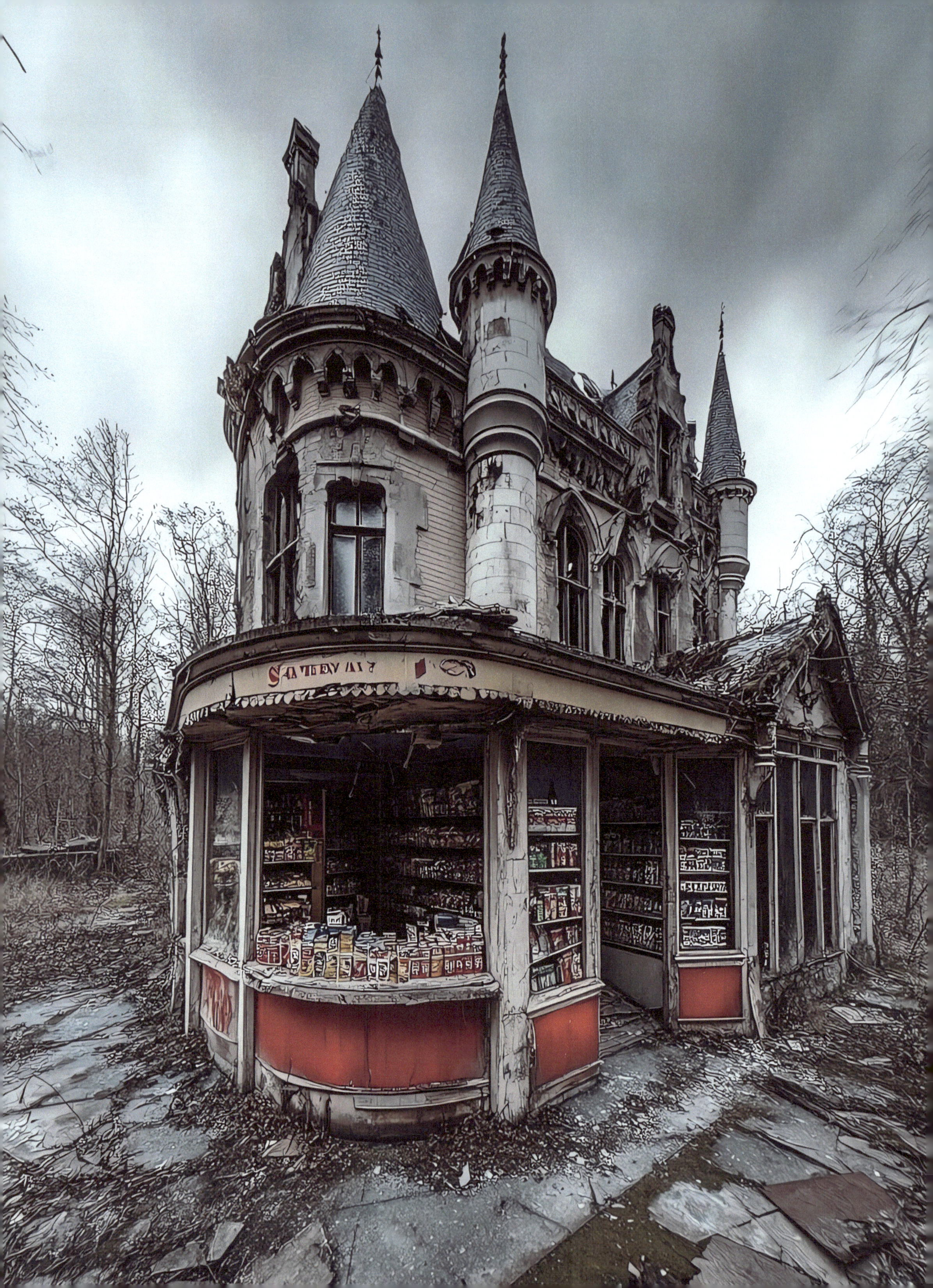

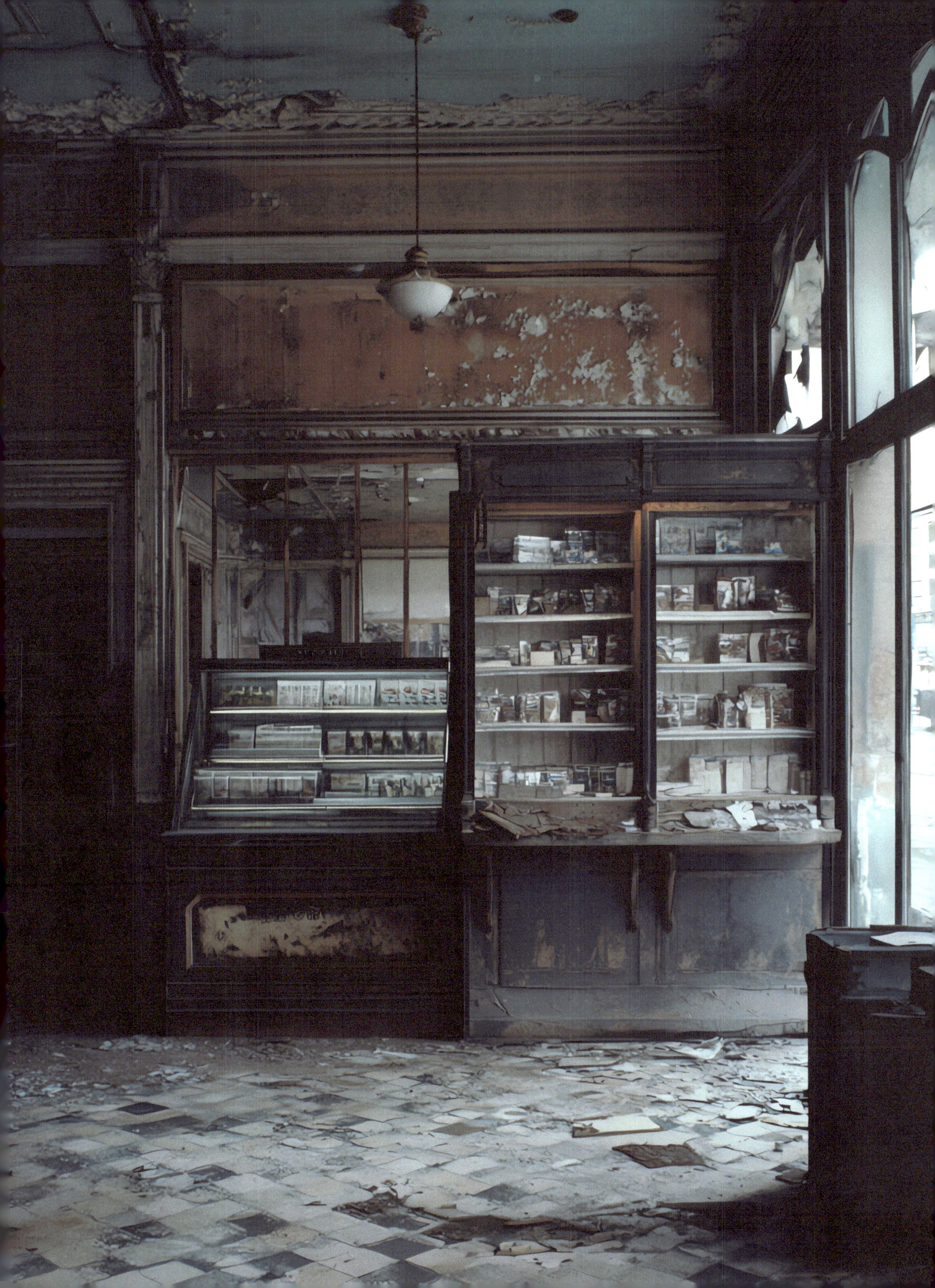

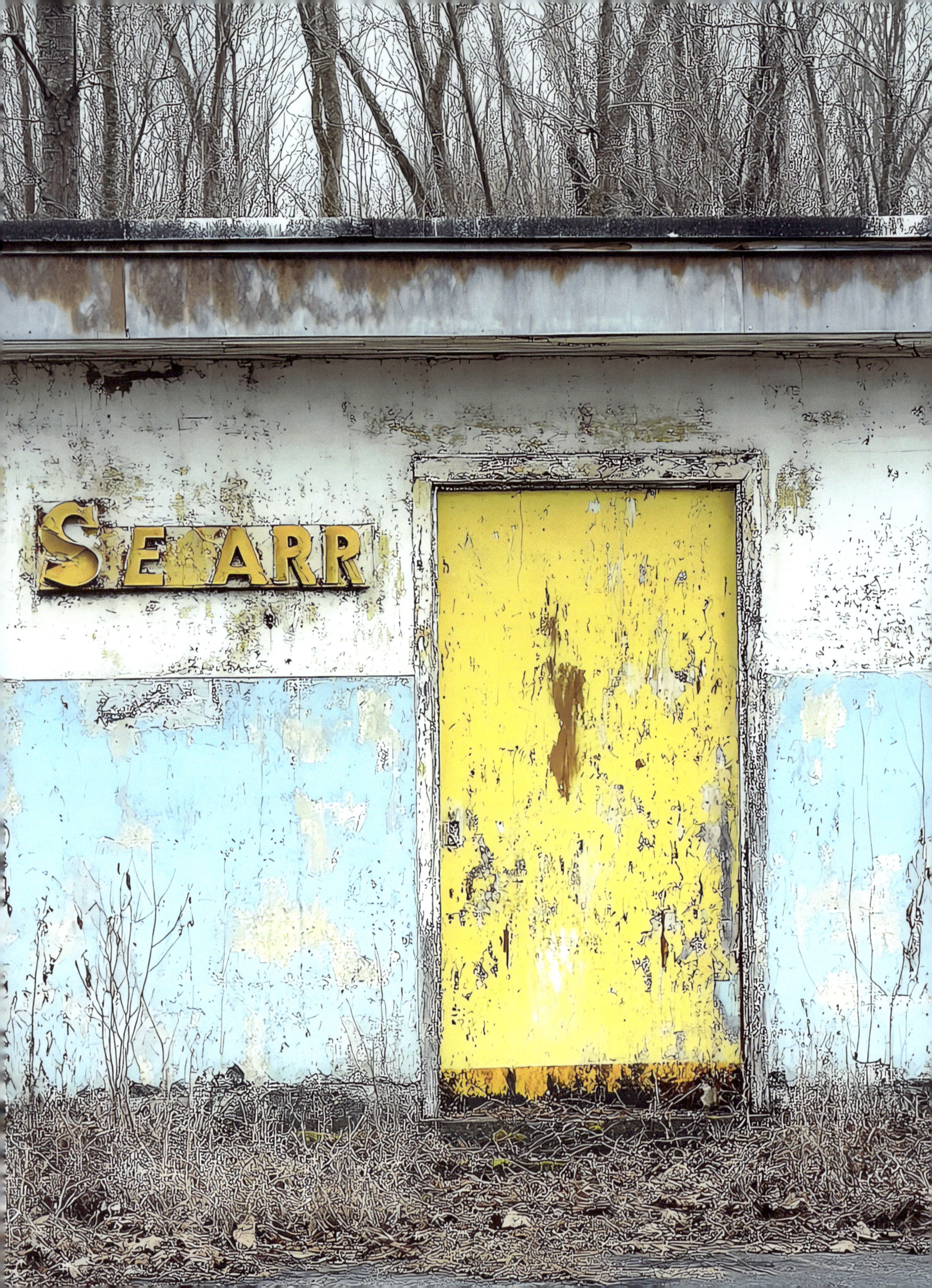
SEARR

www.ingramcontent.com/pod-product-compliance
Lightning Source LLC
Chambersburg PA
CBHW040419220526
45473CB00004B/1295
* 9 7 9 8 3 0 3 2 5 4 8 3 1 *